AF310159

Étienne BERGERAT.

La Terre

est le

Domaine de l'Humanité

POSSIBILITÉ DE METTRE LE MONDE
SALARIÉ EN POSSESSION DE L'USUFRUIT
DE SES PROPRIÉTÉS NATURELLES

Plus de Guerres !

Nouveau Patriotisme

PARIS
LIBRAIRIE E. BERNARD, ÉDITEUR
29, QUAI DES GRANDS-AUGUSTINS, 29

La Terre

est le

Domaine de l'Humanité

COURBEVOIE

IMPRIMERIE E. BERNARD

14, RUE DE LA STATION, 14

BUREAUX A PARIS, 29, QUAI DES GRANDS-AUGUSTINS

Étienne BERGERAT.

La Terre

est le

Domaine de l'Humanité

POSSIBILITÉ DE METTRE LE MONDE
SALARIÉ EN POSSESSION DE L'USUFRUIT
DE SES PROPRIÉTÉS NATURELLES

Plus de Guerres !

Nouveau Patriotisme

PARIS

LIBRAIRIE E. BERNARD, ÉDITEUR

29, QUAI DES GRANDS-AUGUSTINS, 29

PRÉFACE

Le genre humain, en vertu de sa supériorité, doit se considérer comme étant le propriétaire de la planète sur laquelle il vit.

Tous les humains sont égaux et possèdent une minuscule partie de tous les éléments qui composent le globe terrestre.

Les propriétés naturelles d'un humain sont répandues dans la nature entière.

Tous les humains recherchent le bien-être.

Pour obtenir le bien-être, il faut ouvrager et combiner avec intelligence toutes les matières contenues dans la sphère terrestre. Il faut que par des ententes et des principes fraternels, ils ne forment qu'une seule famille, que par des inventions géniales et d'habiles conventions, ils arrivent à ce que chacun d'eux travaille le moins longtemps possible et puisse vivre bourgeoisement le plus tôt possible.

En notre époque contemporaine ; étant donné la

puissance des sciences positives : Je déclare que présentement tous les humains peuvent vivre bourgeoisement avant leur quarantième année.

Je déclare que les conducteurs de peuples n'ont plus le droit de dépouiller le monde salarié de l'usu-fruit de ses propriétés naturelles.

Je déclare que tous les humains sont solidaires, qu'ils doivent et que l'on peut, les faire travailler tous utilement les uns pour les autres.

Si paradoxal que cela puisse paraître aux profanes, il n'en demeure pas, moins vrai qu'il suffit de lire ce livre pour être convaincu de la possibilité de mes déclarations.

Droits individuels et Droits sociaux

Tous les hommes naissent égaux en droits et en propriété naturelle.

Au nom de la grande supériorité, dont la toute puissante et toute mystérieuse Nature s'est plue à favoriser l'espèce humaine, celle-ci a le droit de considérer le Globe Terrestre comme étant sa propriété. En conséquence, chaque humain a le droit de se proclamer propriétaire naturel et absolu de certaines parties du Globe.

D'autre part, étant donné la force suprême et invariable des lois et des éléments de la Nature, et les inévitables nécessités sociales (¹), toute créature humaine qui s'est libérée de sa dette

---

1. Pour le plus grand profit du bien-être et de l'économie communs, il est juste et nécessaire que des hommes s'occupent des différents travaux de la culture, pendant que d'autres s'occupent de ceux de l'Industrie, du commerce, des arts et des sciences. Il est utile que tous ces travaux soient spécialisés de façon à ce que ceux qui se livrent à leur exécution acquièrent des connaissances professionnelles. Il est bien, il est jus'e que les travaux soient divisés en métiers et en professions. Il est bien, il est juste qu'il y ait des patrons, des maîtres et des chefs. Il est bien, il est juste qu'il y ait des employés, des ouvriers salariés. Mais ce qui n'est ni bien, ni juste, c'est de déshériter le plus grand nombre de ceux qui accomplissent si péniblement tous ces travaux qui assurent l'existence à tous.

de Travail, soit comme ouvrier, soit comme employé et qui pour cette raison n'a pu parvenir à posséder par elle-même sa part de biens terrestres, a le droit de revendiquer hautement la jouissance de sa propriété terrestre.

Considérant que la Puissance souveraine et déconcertante qui a présidé à la formation du monde, a voulu pour que les humains soient parfaitement heureux, qu'ils aient besoin de toutes les matières et de tous les produits de la T're, considérant que pour les mériter, elle a voulu que les hommes travaillent, j'en conclus que chacun de nous a droiь à une même quantité de toutes les choses qui composent le Globe et que chacun de nous doit travailler pour les mériter.

Le travail c'est le salut ! C'est un commandement sublime qui émane de l'âme insondable de l'Univers. Supposons un moment qu'une puissance inconcevable mette chaque mortel en possession de toutes ses parts de bien terrestre, après en avoir préalablement formé une très minuscule planète qu'elle ferait mouvoir à l'instar des étoiles dans l'espace immense de l'infini, et que les hommes ainsi séparés les uns des autres ne puissent jamais communiquer entre eux. Les résultats de cette division de la grande sphère terrestre en autant de petites sphères qu'il y a d'humains sont faciles à concevoir. Il va de soi que plus un homme serait paresseux et vicieux, plus il serait malheureux, à un tel point que s'il ne se livrait à aucun labeur, il se condamnerait lui-même à mort. Fatalement, il mourrait de faim ou de maladie pestilentielle ; étant seul, il ne serait pas parasite, il ne pourrait pas nuire à autrui, il ne pourrait ni tromper, ni voler, ni tuer ses semblables pour vivre à leurs dépens. Sa paresse et ses vices ne seraient funestes qu'à lui-même.

De même, plus un homme serait bon et travailleur, plus il serait heureux : son activité lui assurerait la vie longue et confortable. L'ennoblissant travail lui donnerait la santé, la gaieté et le bonheur. Plus il serait laborieux et intelligent, plus sa richesse et son bonheur seraient grands.

Cette hypothèse prouve suffisamment que pour mériter d'être heureux, il ne suffit pas d'avoir sa part de tous les éléments qui composent le Globe, mais qu'il faut encore travailler. Je le répète, le travail, commandement exprimé par la muette nature, est un devoir, un besoin indispensable à l'existence de l'individu et de la société.

D'autre part, si la nature était morcelée en autant de petites planètes qu'il y a d'humains, et qu'elle condamnât à mort l'homme qui serait réfractaire à tout labeur, et qu'elle procurât le bien-être à l'homme laborieux, pourquoi, nous, humbles mortels, ne nous conformerions-nous pas à sa volonté ? Pourquoi n'accepterions-nous pas ses ordres dans nos principes sociaux ? Pourquoi, comme elle, ne punirions-nous pas la paresse et ne récompenserions-nous pas le travail ? Qu'attendons-nous pour lui obéir ? Nous qui sommes les fils de la Nature qu'attendons-nous pour l'aimer et la chérir ? Nous n'avons plus d'excuses ! Nous ne pouvons plus évoquer les justes raisons de nos aïeux. Nos ancêtres, qui contribuèrent à fonder la société actuelle étaient bien excusables ; il y a quelques mille ans, ces vénérables n'étaient pas suffisamment armés pour tuer le mal. Ces augustes hommes étaient plus grands et plus magnanimes que ceux qui en ce jour mènent les affaires humaines. Leurs conceptions furent hautes et sages. Ils virent la nature, ils la comprirent ; mais bien à regret, ils ne purent lui obéir, et je présume que leur impuissance dut, plus d'une fois, les faire pleurer devant les nombreuses et terrifiantes calamités qui malgré tout, devaient, pendant de longs siècles, continuer à tourmenter l'humanité. Quoi qu'il en soit, malgré les erreurs et les abus de l'omnipotence de ceux qui héritèrent des premiers travaux civilisateurs, il n'en reste pas moins vrai que la conception des primitifs civilisateurs est une œuvre sublime de respect, de gloire et d'immortalité, car jamais on oubliera qu'elle est la mère de toutes les sciences, de ces bons génies qui aujourd'hui sont devenus assez grands et assez forts pour sauver le monde. Voilà pourquoi je dis : nous n'avons plus d'excuses ; ce qui ne pouvait pas être fait autrefois, peut l'être aujourd'hui.

Aujourd'hui, le droit de l'homme peut exister, tous les humains peuvent jouir de leur portion de biens terrestres, sans que pour cela, il ne cesse d'y avoir des travailleurs salariés, des commerçants, des industriels et des millionnaires. Tous les hommes, même les plus dénués de biens, même les moins intelligents peuvent arriver, par le seul fait qu'ils sont des travailleurs, avant leur trente-sixième année d'âge, à posséder pour le moins trois mille francs de rentes annuelles. Tous les enfants peuvent être heureux par le seul fait qu'ils font partie du genre humain et comme tels, qu'ils sont, dès leur naissance, propriétaires d'une certaine partie du Globe ; tous peuvent être heureux quoi qu'ils naissent de parents infortunés, et que leur venue en ce monde puisse être précédée de douze frères et sœurs.

Aujourd'hui les hommes peuvent cesser de se voler et de s'entr'égorger les uns et les autres. Les sciences peuvent assurer le triomphe et la fraternité universels. Si la Nature avait été morcelée en autant de petites planètes qu'il y a d'individus, il est évident que les maux sociaux dont nous souffrons, eussent été inconnus, jamais les humains n'eussent pu se nuire, se tromper, se voler et se tuer les uns les autres, jamais une créature humaine n'eût pu vivre du commerce de sa propre chair, etc., etc. Mais en réalité, nous ne sommes pas des solitaires, étant donné notre constitution corporelle, nos sens, nos sentiments et nos aspirations, je crois qu'il vaut beaucoup mieux que nous soyions tous réunis sur une seule et immense planète.

Si la puissance souveraine et mystérieuse n'a formé pour toute l'humanité qu'une seule et immense sphère et non une multitude de petites sphères, c'est probablement parce qu'elle a voulu (et cela en vertu de causes qui sont pour nous impénétrables) créer l'économie du Travail, afin qu'une grande partie de l'humanité puisse se dispenser de tout Travail. C'est-à-dire que vraisemblablement, sa sagesse et son infinie bonté lui ont fait reconnaître que pour notre félicité même, il était nécessaire qu'il y ait des enfants et des vieillards, qu'il était par conséquent indispensable que les grands et les forts travaillassent pour les petits et les faibles ; c'est encore là un de ses sublimes commandements. Si elle a réuni en une seule masse toutes les matières qui composent la Terre, c'est qu'elle a voulu que les hommes ne forment également qu'une seule masse, qu'une seule société, qu'une seule famille. Malheureusement cette union n'existe pas parmi tous les humains, cela tient à trois causes essentielles qui sont : l'étendue de la terre, l'origine du genre humain, l'ignorance butée, ou le mauvais vouloir des hommes qui se sont attribué le droit de gouverner les peuples.

Origines des Civilisations

Très vraisemblablement, les hommes sont issus progressivement des différentes combinaisons des éléments de la nature. Lentement, ils firent leur apparition sur terre, lentement des agglomérations d'humains se formèrent sur différents points du Globe, lentement elles acquirent des langages, des usages, des mœurs, et des coutumes différents; graduellement elles s'organisèrent et recherchèrent le bonheur commun. Quelques-unes le trouvèrent très probablement, mais il fut toujours naissant, rudimentaire et relativement court. Car en ces temps reculés sa bienfaisance ne pouvait s'étendre que sur un petit nombre d'individus localisés sur une petite étendue de pays. Ignorant l'immensité de la terre, ils ignoraient l'existence des autres agglomérations qui peuplaient les continents. Ainsi séparées les unes des autres, elles formaient des mondes isolés, qui étaient réfractaires sans le savoir, aux commandements de la Nature. Abandonnées, à elles-mêmes, livrées à la force capricieuse des lois météoroloïques ; si parfaitement juste et fraternelle que pouvait être leur atente sociale, forcément, fatalement, elles devaient succomber;

toute leur œuvre de Bien, de Paix et de Travail devait être renversée et détruite pour servir à faire comprendre aux peuples futurs qu'ils devaient tous se connaître et s'unir pour pouvoir être heureux.

En ces temps primordiaux, il y eut des agglomérations qui furent par la Nature plus favorisées les unes que les autres, soit par le choix des belles contrées qu'elle leur offrait, soit par la rareté ou le peu de gravité de ses orages, de ses inondations, de ses sécheresses, de ses intempéries, etc., etc. De même qu'elle défavorisa maintes agglomérations, se plaisant parfois à plonger longuement de vastes contrées dans la ruine et la désolation, produisant, comme pour bien signifier sa volonté, des années de disette ou des années d'abondance, tantôt dans un pays, tantôt dans un autre.

Dans ces conditions, les pires maux, les pires massacres devenaient inévitables. Toujours sur un point quelconque du Globe, des groupes d'humains devaient se ruer férocement les uns sur les autres. Les agglomérations défavorisées devaient fatalement et sauvagement se jeter sur les favorisées.

Il est évident que quand les défavorisées venaient à manquer de vivres, elles commençaient par se précipiter sur les agglomérations les plus proches ; si ces dernières résistaient à leurs furieuses attaques, ces hordes se dirigeaient vers d'autres contrées, allant au hasard, marchant vers l'inconnu, épiant, telles des bêtes fauves qui cherchent leur nourriture, finissant trop souvent, hélas, par rencontrer des agglomérations jeunes et faibles qui, manquant d'entente et d'expérience, ou pour toutes autres raisons, étaient impuissantes à repousser leurs violentes attaques.

C'était là de grands malheurs. Ces agglomérations en succombant étaient la plupart du temps annéanties ou dissoutes.

Beaucoup d'individus, suivant leurs sentiments, leurs vices ou leurs passions, redoutant la famine, se sentant des prédispositions pour le brigandage, pour la vie nomade et aventureuse se joignaient à ces hordes victorieuses dont ils augmentaient le nombre et la force.

C'est ainsi vraisemblablement que durent se former ces formidables et terrifiantes bandes d'humains qui errèrent si longtemps à travers les continents, qui anéantirent un si grand nombre d'agglomérations, de peuples, d'empires et de civilisations naissantes.

C'était le triomphe du mal !

C'était la Nature qui impérieusement criait aux hommes : Travaillez et unissez-vous !

Dans le but commun de se défendre contre les bandes errantes et barbares, un certain nombre d'agglomérations se réunissaient, se concertaient et après entente préalable retournaient dans leurs localités respectives. Il est à présumer qu'elles durent convenir de certains signaux très voyants, qu'elles plaçaient sur les hauteurs, tel que du feu qu'elles allumaient sur les montagnes ; telles que certaines choses qu'elles disposaient de différentes façons, etc., etc.

Quand ces signaux de ralliement se produisaient, tous comprenaient que certains des leurs étaient attaqués par des barbares, ils s'armaient et partaient au plus vite dans la direction menacée pour s'unir et repousser l'ennemi envahisseur.

Victorieux des barbares, les massacres venant de cesser, entendant les cris et les râles des mourants, devant tant de souffrances et d'impuissances, frémissant d'horreur et de fureur, se regardant, s'interrogeant, pleurant, cherchant ceux qui des leurs n'étaient plus, devant tant de cadavres et de douleurs, devant la possibilité de nouveaux carnages une lamentable et puissante clameur s'élevait des survivants. Toute cette multitude éprouvait le besoin de se concerter, de se rapprocher, de discuter les moyens les plus propres à éviter que les combats futurs ne soient aussi meurtriers tout en leur assurant d'éclatantes victoires sur les barbares.

C'est ainsi que les peuples primitifs arrivaient, de propositions en propositions, à accepter des conventions, des ententes qui les unissaient et les plaçaient parfois sous le large souffle de la fraternité qui pousse vers la civilisation.

Presque toujours des initiatives, des conceptions, des décisions, des conditions et des ententes différentes ont présidé à la formation de chaque organisation sociale. Pouvait-il en être autrement alors que le plus souvent chaque groupe d'agglomérations qui se donnait une organisation vivait sans savoir s'il n'existait pas, par ailleurs, d'autres peuples plus engagés qu'eux sur le chemin de la civilisation. L'immensité de la Terre, et le sublime pouvoir des sciences leur étaient inconnus, ils restaient isolés, séparés les uns des autres par leur ignorance et par les distances terrestres. N'ayant pour les transporter que des jambes d'hommes ou d'animaux, leurs communications, leurs ententes sociales ne pouvaient jamais s'étendre sur tout un continent.

En ces temps préhistoriques, cette situation des peuples vis-à-vis les uns des autres fut un peu permanente pour l'humanité, c'était une plaie constamment ouverte, l'homme était fatalement condamné à avoir l'homme pour ennemi. Les peuples les mieux intentionnés, les plus parfaitement organisés étaient condamnés aux pires désordres et aux pires calamités.

Parmi les meilleures organisations sociales que les peuples se donnèrent, certaines vécurent de longues séries de siècles, d'autres vécurent à peine une année. Il est à présumer que parmi les plus brillantes civilisations qui existèrent sur notre Planète aucune d'elles n'atteignit un degré ainsi élevé que la civilisation actuelle, aucune d'entre elles ne dut réunir sous ses codes un aussi grand nombre d'humains, aucune ne dut s'étendre sur une aussi vaste étendue de territoires. Aujourd'hui notre civilisation s'étend sur tous les continents et devient chaque jour de plus en plus universelle et par cela même ne peut disparaître qu'avec la fin du Monde.

Or si semblable civilisation eût déjà existé, elle n'aurait jamais pu disparaître, et cela malgré la possibilité de l'anéantissement d'un immense continent par un cataclysme. Si semblable civilisation eut existé deux mille ans avant notre ère, depuis longtemps le genre humain serait définitivement sauvé. Si la civilisation chinoise avait eu des principes civilisateurs analogues à ceux de la chrétienté, si elle eut envoyé des missionnaires chez tous les peuples de la Terre dans le noble but d'arriver à des ententes capables d'améliorer le sort de l'humanité, si elle ne s'était pas séparée du Monde, en s'enfermant chez elle par une interminable muraille, si à un moment donné elle avait su se réformer, et corriger ses lois de façon à ce qu'elles ne soient pas rebelles au Génie créateur des sciences, du beau et de l'utile, depuis longtemps la vérité, la justice et le droit de l'homme triompheraient en ce Monde. Malheureusement il n'en fut pas ainsi bien au contraire, la civilisation Chinoise dans le but de repousser les bandes nomades et barbares s'enferma dans une formidable ceinture de pierre. Pour éviter les convulsions, les troubles intérieurs, les omnipotents ne voulurent jamais apporter de changements aux choses établies.

Elle se figea pour ainsi dire dans son organisation sociale, et il est fort probable que, sans la propagande et la supériorité de la civilisation chrétienne, elle y serait restée éternellement.

Aujourd'hui c'est un fait accompli, la Chine est conquise par la civilisation Européenne. Après bien des dévouements, des persévérances et des préliminaires, les omnipotents de la Chine pactisent enfin avec ceux d'Europe. Bientôt la mystérieuse politique qui dans l'ombre fait mouvoir toutes les forces gouvernementales saura y implanter l'esprit et l'organisation de notre civilisation moderne.

Pour les principes civilisateurs de la chrétienté, ce sera leur plus grande gloire, ce sera un bienfait pour le monde entier ; ce sera un pas immense vers l'unification, vers l'entente universelle qui est une des nécessités indispensables au triomphe du droit de l'homme.

Depuis que le genre humain a fait son apparition sur Terre, combien a-t-il existé d'organisations sociales ? Combien y en a-t-il eu de mauvaises ? Combien y en a-t-il eu de bonnes ? *Quand je dis bonnes, je veux dire de bien commencées, car de véritablement bonnes et équitables, il n'en a jamais existé et il n'en existe pas encore à l'heure où j'écris.* Voilà des questions auxquelles il n'est pas facile de répondre. Mais ce qui paraît certain, c'est qu'il dut y en avoir beaucoup plus de mauvaises que de bonnes, pour une bonne, il dut y en avoir des centaines de mauvaises. Ainsi voilà bientôt 2.000 ans que les grands de la Chrétienté font fouiller la Terre dans tous les sens pour répandre dans toute l'humanité les bienfaits relatifs de leur civilisation élémentaire, ils ont trouvé et continuent à trouver des peuples qui sont restés à l'état primitif, incultes et barbares, n'ayant aucune organisation ; d'autres qui essayaient d'en avoir une. Sans la Chrétienté, des centaines de peuples continueraient à vivre comme des bêtes sauvages. Depuis combien de temps ces peuples ainsi trouvés vivaient-ils ? Combien de temps y auraient-ils encore vécu ? Voilà ce que nul ne sait, ni ne peut savoir.

Mais ce qui est probable, c'est que depuis des millions d'années ou de siècles que la race humaine existe, il dut y avoir un bon nombre de bonnes civilisations bien commencées, bien avancées, peut-être plus avancées que celles que nous connaissons par l'histoire.

D'après les bouleversements terrestres, les cataclysmes, l'activité continuelle des éléments, il se pourrait que deux cent mille aus avant notre ère il existât un continent là où actuellement il y a un océan, et vice-versa et que sur ces antiques continents disparus sous les mers, il existât des peuples, des nations civilisées qui vécurent des milliers d'années. Rien ne prouve qu'une conception analogue à la conception chrétienne, ne fut pas déjà trouvée et appliquée, mais que n'ayant pu, faute de temps, donner à l'humanité ses précieux fruits sauveurs ; c'est-à-dire qu'elle fut noyée, qu'elle disparut sous les flots en même temps que le continent sur lequel elle avait pris naissance et pour cette cause ses propagateurs n'eurent point le temps de la faire connaître sur les autres continents et furent par ce fait impuissants à sauver le Monde. Ainsi, si un siècle ou deux après la naissance du christianisme il s'était malheureusement produit un cataclysme qui engloutit tous les pays où l'on avait commencé à le répandre, jamais ses créateurs ou ses défenseurs n'eurent pu le répandre sur le Monde entier ; ceci est d'autant plus vrai, que le christianisme existait quinze siècles environ avant la découverte de l'Amérique.

De tout ceci il est à présumer que, sur plusieurs points du Globe, il dut briller maintes civilisations ; parfois dans le monde entier, un seul peuple brilla par sa civilisation, parfois plusieurs, mais ceux-ci séparés par des espaces immenses de terrains vivaient ignorants de l'existence des uns et des autres. Alternativement des peuples en bonne voie de civilisation retombèrent dans la barbarie, et des peuples barbares surent se placer sur la voie des bonnes ententes sociales. Il se peut aussi que de longs siècles se soient écoulés sans qu'aucun peuple ne sorte de la barbarie.

Quel chaos ! Quelle nuit insondable que l'humanité avant nos Ecritures ! L'humanité historique qui ne date apparemment que du trente-cinquième siècle avant notre ère, nous apprend que d'assez bonnes civilisations ont brillé en Egypte, en Chine, en Mésopotamie, aux Indes, en Perse, en Grèce, en Italie. Pendant que tour à tour ou en même temps brillèrent ces dernières et antiques civilisations qu'étaient les habitants de l'Europe, nos ancêtres étaient encore dépourvus de tout, ils vivaient au milieu des bois, sur les rives des cours d'eaux, en compagnie de gros animaux.

Ils ne se préoccupaient pas des grands problèmes scientifiques ou sociaux. L'hypnotisante politique et la richesse monétaire leur étaient inconnues, ils vivaient au jour le jour, rudes, grossiers, en vrais barbares. Aujourd'hui l'Europe est la partie du globe la plus avancée dans les sciences. Elle est la source de tout progrès, et cela grâce à la conception chrétienne et certes, sans cette conception qui fut absolument utile, il se pourrait que le Monde continuât à être ce qu'il était avant l'ère chrétienne, que nous n'eussions jamais connu l'Amérique, la vapeur, l'électricité, etc., etc.

Les formidables bandes nomades et barbares ne furent pas toujours la cause de l'anéantissement des civilisations naissantes, du renversement des grands empires, toutes ces ruines avaient également pour cause l'organisation sociale que les peuples primitifs se donnèrent.

Quand, aux débuts de leurs civilisations, les hommes apprirent à se grouper pour se défendre contre le danger commun, quand ils aspirèrent vers plus de bien-être, de justice et de solidarité, ils durent convenir qu'un certain nombre d'entre eux seraient exclusivement occupés de la défense des intérêts communs. En conséquence, des hommes furent désignés pour faire respecter la propriété ainsi que toutes les choses convenues et pour assurer l'ordre dans l'intérieur, d'autres pour veiller et scruter les campagnes environnantes, afin que le cas échéant, ils signalent l'approche des bandes nomades et barbares, et donnent ainsi le temps, à toutes les agglomérations unies, de se mettre sur la défensive. « Ce fut la naissance des systèmes gouvernementaux ».

Dans ces conditions, ce qui se passa, se devine : Les hommes préposés à la défense des intérêts sociaux, furent nourris et pourvus pour le mieux de ces époques de tout ce qui fut jugé nécessaire aux libres exercices de leurs fonctions. Pour atteindre ce but ils durent très vraisemblablement convenir que tous les chefs de famille y contribueraient communément.

« Ce fut la naissance des impôts. »

En conséquence ils durent décider que pendant un certain temps chacun d'eux aurait à tour de rôle la charge d'héberger ou d'entretenir un des citoyens préposé à la défense des intérêts de tous. Ou bien encore il se peut que pour plus de commodités, de bonnes mœurs et de liberté, ils décidèrent que chacun d'eux contribuerait d'une façon permanente aux frais généraux. A cet effet, ils durent convenir que chacun aurait la faculté de donner ce qu'il lui plairait ou ce qui lui serait

possible de donner, soit quotidiennement, soit mensuellement
ou annuellement. Que celui qui donnerait par exemple tant
d'œufs serait quitte de toutes contributions pendant tant
de temps, que celui qui donnerait un ou plusieurs animaux co-
mestibles en serait exempt pendant tant de mois, que celui qui
donnerait un bon cheval propre à la cavalerie en serait exempt
pendant une année, etc., etc.

Que le tout dépendrait de la valeur attribuée aux choses présentées.

Malheureusement la mise en pratique de ces sortes de contributions fut très difficile et eut de fâcheuses conséquences. Elles
enfantèrent des abus, des erreurs, des fraudes, de grands mécontentements et de graves désordres.

C'est alors que, pour corriger ces mauvais résultats; ils eurent
l'idée de fabriquer avec une matière quelconque, des espèces de
jetons ayant une forme, des signes et une valeur conventionnelle
quelconque, donnant aux possesseurs de jetons le droit de se
rendre propriétaires légitimes de produits quelconques.

« Ce fut la naissance de la puissance monétaire et financière ».

La pratique de ce système ayant donné d'assez bons résultats,
ils décidèrent que les contributions, les échanges des produits de
la nature ou du travail des humains ne se feraient désormais
qu'avec le métal conventionnel.

Logiquement il fut convenu que ce serait ceux qui seraient
appelés à conduire les affaires sociales qui seuls auraient le
droit de faire fabriquer de la monnaie.

« Ce fut la naissance de la puissance et des abus gouvernementaux ».

De suite, ces derniers se sentirent plus grands et plus forts ;
dès lors ils s'ingénièrent à augmenter leur bien-être ; en ce sens
ils firent faire toutes sortes de travaux, ils recherchèrent parmi
leurs administrés ceux qui avaient le plus de capacité ou de volonté pour l'exécution de tel ou de tel travail. Ceux-ci exécutè-
rent, moyennant finances, tant bien que mal, les travaux com-
mandés. C'était grossier ; mais à force d'attentions, d'études et
de persévérance vers le mieux, un certain nombre d'entre eux
adroits et habiles, progressivement se spécialisèrent et devinrent
les fondateurs de telle ou telle profession.

« Ce fut la naissance des métiers, des arts et dés sciences ».

Les plus intelligents, les plus actifs, ceux qui étaient doués
d'aptitudes spéciales pour l'exécution de telle ou telle chose,
se virent bientôt surchargés de travail ou de commandes, au
point de ne plus pouvoir contenter leurs contemporains qui se
réclamaient de leurs œuvres ; c'est alors qu'ils eurent recours à
des aides, à des individus qu'ils firent travailler avec eux, et
qu'ils initièrent graduellement à leur savoir.

« Ce fut la naissance du patronat et du travail salarié ».

Certes, l'acceptation du principe qui donne à un métal le don
de représenter la valeur de toutes choses est assurément très
bien, il est même souverainement utile, car en l'unissant à
d'autres, il permet le triomphe du droit de l'homme ; il tend au
genre humain la panacée qui peut le délivrer du mal.

Malheureusement son application eut toujours des défectuosités qui le rendirent funeste aux civilisations. Pouvait-il en être autrement ? Je ne le crois pas, car en ce temps-là, l'écriture, l'arithmétique, la géographie, la vapeur, l'électricité, les machines, le papier, les écoles n'existaient pas, aucune puissance n'était capable de faire connaître les conventions à toute l'humanité ; l'instruction était impossible. Conséquemment la réglementation, l'organisation sociale pour tout le genre humain étaient impossibles ; tout était ignorance, incohérence et faiblesse. Rien de ce qui peut être fait aujourd'hui pour le bonheur commun des hommes ne pouvait l'être.

Il était impossible d'user de conventions capables de mettre chaque individu en possession d'une valeur équivalente à la portion du globe à laquelle il avait droit. Il était impossible de faire travailler les paresseux valides et prolétaires ; impossible d'empêcher qu'il y eut des gens malhonnêtes, vicieux et canailles vivant aux dépens des autres ; impossible de trouver et de châtier justement tous les malfaiteurs, les parasites, les dépradateurs, les mendiants, les vagabonds, les voleurs, les souteneurs, les prostituées, etc. ; impossible de dispenser les citoyens de payer des impôts durant leur vivant ; impossible de prendre aux fortunés après leur décès ce qu'ils ont pris durant leur existence aux travailleurs salariés qu'ils ont occupés pour les besoins de leur commerce, de leur industrie ou de leurs travaux des champs ; impossible d'appliquer des principes humanitaires ou patriotiques capables de défendre le sol producteur, de faire cultiver, assainir et irriguer toutes les terres nourricières, qui sont à la surface de notre Planète ; impossible d'éviter l'esclavage et les occupations sinécuriennes ; impossible de pratiquer l'économie du travail social ; impossible d'éviter que les hommes s'assemblassent en grand nombre et en plein jour pour s'entre-tuer les uns et les autres. Ils étaient fatalement voués au Mal et à la souffrance.

Telle fut la triste situation des sociétés naissantes. Devant ces sombres impossibilités, forcément, la venue d'un système monétaire apportait avec lui des maux terribles. Il chassa la liberté, l'égalité et la fraternité parmi les hommes, il leur donna la fièvre et le délire, il leur fit essayer de gagner par la ruse, la violence, le vol et le crime, ce que le travail, la patience, l'économie et l'intelligence doivent seuls donner. De suite il exerça sur les mortels une fascination meurtrière, il leur prit la tranquillité et la confiance, il leur donna la jalousie et la haine, il les rendit méprisables et féroces. Ce triomphateur eut de suite des adorateurs, qui pour posséder ses faveurs ne craignirent pas de s'enfoncer dans des fanges infectes. Il plaça les peuples sur des pentes qui aboutirent trop souvent hélas aux erreurs, aux errements, aux révolutions terrifiantes, aux ignobles et sanglantes tueries et parfois aux destructions complètes des Empires qui semblaient les plus solides.

Dans ces tristes et fatales conditions, les associations humaines devenaient un grand danger pour la paix, le travail et la sécurité.

Malgré la nuit qui enveloppe les temps préhistoriques on peut se faire une idée approximative de ce qui se passa. Si par exemple on prend la puissance monétaire à sa source et qu'on remonte son cours, on découvre assez facilement les causes qui amenèrent la disparition des premières civilisations.

On comprend que les hommes qui étaient désignés pour conduire et sauvegarder les intérêts d'une société, avaient seuls. le droit de fabriquer la monnaie. On conçoit très bien qu'en ces temps reculés les conceptions géniales étaient nulles, presque nulles, ou tout au moins d'exécution difficile ou impossible, que conséquemment les matières choisies pour représenter les systèmes monétaires étaient plus ou moins rudimentaires, plus ou moins rares, plus ou moins ouvragées, plus ou moins faciles à imiter. L'ingéniosité des fraudeurs se trouva de suite stimulée, ils avaient de grandes chances pour que leurs pièces clandestines passassent inaperçues.

On conçoit facilement que tous ceux qui avaient beaucoup de ces matières conventionnellement monétisées, de ces petites choses mobiles, échangeables, divisibles, faciles à cacher, furent tout d'abord ceux qui étaient autorisés à ordonner la fabrication monétaire, qui administraient et gouvernaient, ceux qui possédaient des terres et qui savaient par une activité laborieuse les faire fructifier, ceux qui par leur intelligence, leur savoir ou leurs créations arrivaient à produire des objets nécessaires au bien-être.

On comprend que dès lors les hommes ne furent plus égaux. Les fortunés étaient parvenus à mieux se vêtir, se nourrir et se loger que leurs contemporains, ils aspiraient et s'entouraient sans cesse de luxe et de superflu, ils irritèrent les plus simples et les plus honnêtes, ils suscitèrent des envies, des jalousies, des divisions, des haines et des infamies, ils firent naître des parasites et des débauches ignobles. Dans ces conditions l'autorité gouvernementale fit souvent défaut, et la paresse fut trop souvent caressée par un grand nombre de bras. Devant le bien-être et les satisfactions que procure la richesse, il se trouva de suite des invidus prétentieux sans qualité et sans honte, qui ne craignirent pas de se servir du vol et du crime pour atteindre le but de leurs ambitions. Il y eut une lutte constante et acharnée entre certains gouvernants et certains gouvernés ; il se trouva aussitôt des hommes méprisables prêts à ensanglanter le ciel et la terre pour obtenir une place gouvernementale. Les antagonistes, les ennemis, les détracteurs avaient de grandes facilités pour haranguer et ameuter les foules contre les gouvernants ou les constitutions sociales. Dans ces conditions on comprend que de mauvais hommes à force de bruit, d'audace, de mensonges, de ruses et de violences arrivaient progressivement à chasser du pouvoir les hommes de véritables valeurs, ceux qui réunissaient le plus de justice et de qualités gouvernementales devenaient impuissants. Cette situation était des plus dangereuses pour la paix et la sécurité sociale. La dispute des places ou du pouvoir gouvernemental rendait les assemblées orageuses, troublait les conseils, provoquait des imbroglios dans les décisions, et des erreurs dans l'exécution des ordres. Dans ces conditions les débuts d'un système monétaire devaient fatalement donner naissance à des convulsions intérieures ; si par malheur de grandes forces barbares attaquaient avec furie ces peuples au moment où ils étaient en pleine révolution, il n'en fallait pas davantage pour détruire le peu d'organisation qu'ils avaient si péniblement obtenu. La hideuse et triomphante anarchie anéantissait les plus vastes empires. La durée de l'existence des civilisations, de même que les grandeurs des Empires dépendaient le plus souvent de ces néfastes coïncidences, autrement dit du degré des révoltes intérieures et du degré de la force combattante des bandes barbares. Maintes révolutions échappèrent à ces terribles coïncidences ; ce sont ces révolutions qui servirent de leçons gouvernementales aux conducteurs de peuples. Les révolutions sont l'école des gouvernants, c'est d'elles que naquit, pour eux, le droit de tromper, d'appauvrir, de répandre l'erreur et la crainte ; conséquemment les religions et tous les artifices machiavéliques de la politique sont les enfants légitimes de ce droit qui fut malheureusement nécessaire.

Toutes les sociétés primitives qui se donnèrent un gouvernement et un système monétaire, furent dès les débuts tourmentées par toutes les turpitudes ; le manque d'ordre, d'autorité et d'équité, l'amour de la paresse et la puissance monétaire firent constamment gronder, et souvent éclater, les foudres révolutionnaires. Il n'existait rien d'assez puissant pour obliger les masses à travailler. Il n'existait rien d'assez génial pour assurer le droit de l'homme.

De tout temps, devant les attaques toujours possibles des barbares, devant les désordres et les tueries épouvantables des révolutions, devant l'inconnu et les calamités que causèrent certaines lois de la nature, devant l'absence de sciences positives puissantes et bienfaisantes, il se trouva toujours des hommes de bien, de sagacité, de volonté et de supériorité qui s'ingénièrent à faire diminuer les souffrances de ces temps calamiteux. Mais après de mûres réflexions, des examens et des supputations aussi sages qu'approfondis, ces hommes aux nobles aspirations s'aperçurent hélas, bien amèrement, qu'il était impossible que tous les humains fussent délivrés du Mal. Ils ne voyaient aucun moyen véritablement honnête et efficace qui puisse être exposé sous la pleine lumière de la vérité, aucun moyen avouable qui puisse être compris et approuvé de tous. Ils ne trouvèrent rien dans le Bien qui puisse rendre les hommes bons, solidaires et travailleurs. Impuissants, effrayés de la Toute-Puissance du Mal, désespérant de pouvoir tuer ce monstre qui terrifie et qui dévore, obligés de compter avec lui, de le flatter, de le louanger pour le rendre moins féroce, ils tournèrent leurs recherches du côté des ténèbres. C'est à travers ce vaste et mystérieux Empire, qu'ils promenèrent tristement leurs pensées : longuement, ils discutèrent avec les subterfuges, les ruses, les artifices, les mensonges, les trahisons, le vol, le crime et toutes les infamies. Avec tous ces malins, sinistres et lâches habitants de la Nuit, ils finirent toujours par s'entendre et par s'assurer leur ignoble concours.

Voilà comment les hommes les plus sages et les plus perspicaces, malgré leur amour du Bien, étaient poussés malgré eux dans l'Empire du Mal, pour y machiner des combinaisons gouvernementales. Douloureusement, ils s'arrêtèrent à des combinaisons faites de bien et de mal, de vice et de morale, de noirceurs et de bontés. Ces combinaisons ainsi mixturées s'appelèrent lois secrètes ou conceptions religieuses. Telle fut l'origine des causes qui présidèrent à la formation des grandes Religions. Toutes ont été créées pour conjurer les grands désordres, pour classer les individus et ne permettre leur enrichissement que suivant leur classement, pour inspirer une crainte, une soumission et une obligation au Travail. Tel fut le but commun et fatalement nécessaire que visèrent tous ceux qui conçurent une religion : Conduire les peuples vers plus de justice, de paix, de fraternité et de Travail.

Ces purs philosophes, ces grands chercheurs de vérité et de logique, ces grands métaphysiciens à l'âme magnanime entendaient la voix de la Nature qui crie à l'humanité : « Travaille et étudie mes éléments, je te donnerai la Paix et le bonheur ! Travaille et étudie, j'arrêterai tous les fléaux qui t'accablent! » Ces grands penseurs comprenaient que le bonheur des humains dépendait de la conquête des sciences, de la libération de l'ignorance et de l'accomplissement de grands travaux. Ils comprenaient leurs droits aux conceptions religieuses, autrement dit, étant dépourvus de la sublime puissance des sciences, ils avaient le droit d'user du Mal pour assurer le triomphe du Bien dans l'avenir.

Malheureusement ces sages et vrais grands hommes virent souvent leurs œuvres civilisatrices ébranlées ou détruites par les trop exigeants et trop maléficieux esprits du Mal. Trop souvent hélas, des hommes, durent recommencer ce que d'autres avaient commencé plusieurs siècles avant eux.

Mais fort heureusement les écritures firent leur apparition et arrêtèrent progressivement la destruction des civilisations.

En résumé, les conceptions religieuses eurent pour cause la nécessité des systèmes monétaires. Les systèmes monétaires eurent pour cause la nécessité des impôts. Les impôts eurent pour cause la nécessité des gouvernements. Les gouvernements eurent pour cause la nécessité des associations. Les sociétés eurent pour cause le danger d'être anéanties par les bandes barbares. Les bandes barbares eurent pour cause les fléaux de la Nature. Les fléaux de la Nature eurent pour cause l'inexécution du travail, le manque de connaissances scientifiques, le manque d'entente et de communications. Le manque de travailleurs, de sciences et de fraternité eut pour cause l'ignorance et l'immensité de la Terre. Et enfin celles-ci eurent pour cause première la Toute-Puissance suprême et mystérieuse qui a fait l'Univers.

Telles furent les causes originelles qui légitimèrent le droit des religions. Ce sont ces causes qui furent les bases substructives sur lesquelles les édifices religieux sont venus s'appuyer.

Les grands Empires eurent pour berceau de longues séries de révolutions. C'est du chaos, du déchaînement des passions qui causèrent la venue des systèmes monétaires, c'est des débuts sociaux que sortit l'enseignement gouvernemental.

C'est ainsi que certains primitifs gouvernants, s'apercevant des effets désastreux que produisaient leurs systèmes monétaires, songèrent tout d'abord à rendre la fabrication monétaire très difficile ; poussés par cette nécessité, ils cherchèrent et trouvèrent des substances minérales très dures ou très rares, les soumirent à de grandes chaleurs, et enfin après quelques tâtonnements, quelques essais, ils furent assez heureux d'obtenir des pièces de monnaie assez difficiles à imiter. Justement fiers de ce premier succès, c'est alors que certains pensèrent aussitôt qu'il leur était peut-être possible de remplacer leurs armes de bois ou de pierres, par des armes de fer. C'est ainsi qu'après quelques études, et quelques perfectionnements, ils arrivèrent à fabriquer des armes assez puissantes pour leur assurer : Victoire et Autorité.

« Ce fut la naissance de la Force. »

Dès lors, apparurent des horizons nouveaux, immenses, infinis. Ce fut la venue d'ères nouvelles.

Forts du droit de voler et de trahir, forts de la puissance de leurs armes, ils ne tardèrent pas à se faire les dominateurs de leurs peuples. Ils n'hésitèrent pas à se faire eux-mêmes les maîtres suprêmes de tous les hommes, ils n'hésitèrent pas à se reconnaître le droit d'appauvrissement, et le droit d'induire en erreur leurs contemporains. Comprenant que seul le travail peut assurer l'existence d'une société, comprenant que seules la pauvreté et la crainte peuvent obliger les humains à se livrer au travail, ils n'hésitèrent pas à imaginer à l'insu des masses populaires des organisations ou des moyens plus ou moins propres à atteindre ce but.

Plus tard ayant, grâce à la supériorité de leurs armes, repoussé ou anéanti les bandes barbares, conquis de grandes étendues de territoires et soumis de nombreuses tribus, ils éprouvèrent de grandes difficultés à conduire toutes ces peuplades. D'autre part, rêvant d'étendre leur puissance sur d'autres peuples et sur d'autres vastes pays, rêvant d'alliances ou de conquêtes, ils pensèrent que leur devoir était de créer de nouveaux principes gouvernementaux, de façon à rester constamment les maîtres. Poussés par cet impétueux besoin, ils se mirent résolument à la besogne.

C'est ainsi qu'ils décidèrent de diviser en provinces tous les territoires placés sous leur domination. C'est ainsi qu'ils constituèrent des pouvoirs subalternes hiérarchisés, qu'ils convinrent que tous les individus, qui seraient investis d'une autorité gouvernementale quelconque, devraient avoir la même manière de gouverner et cela en quelque localité que ce fût ; que tous devraient obéir passivement aux mêmes lois, aux mêmes principes et aux mêmes règles constitutionnelles.

Mais, comment faire pour que l'on se souvienne des lois, pour que règnent la coopération, l'entente parfaite et l'obéissance conformes aux arrêts conventionnels ? Pour éviter toutes confusions et toutes discordes ? Ce fut souvent là pour les gouvernants de ces époques sans histoire, une grande difficulté, et il est à présumer qu'elle fût longtemps un obstacle arrêtant net la marche progressive des civilisations, laissant l'humanité sans jour et sans espoir. Mais, ce fut précisément cette difficulté qui suggéra l'art de représenter la pensée par des caractères conventionnels ; elle fut le berceau des Écritures, des alphabets et des grammaires. Les Écritures, furent et sont encore, les armes les plus puissantes contre le Mal. Elles furent le point de départ des Codes et des textes sacrés ; c'est d'elles que sortirent les jurisprudences, c'est par elles que les institutions politiques et sociales trouvèrent 1 point d'appui nécessaire à leurs développements, c'est grâce à elles que nous connaissons une certaine partie de l'histoire des dernières grandes civilisations des peuples, Egyptiens, Arabes, Chaldéens, Assyriens, Mèdes, Perses, Grecs, Romains, Celtes, etc. C'est enfin grâce aux Ecritures que tous les anciens grands Empires ont pu se former.

La manière dont se sont créés les grands Empires fut très vraisemblablement la suivante : Quand les hauts gouvernants d'un peuple quelconque furent arrivés, grâce à la supériorité de leurs armes, à se faire les maîtres des peuples voisins, et que la grandeur des pays conquis fut trop vaste pour être bien ordonnée et définie, quand ils furent parvenus à s'entendre sur les caractères d'une écriture quelconque, et qu'ils eurent trouvé quelque chose capable de représenter et de bien conserver leurs écritures — « Ne connaissant point le papier, ils durent très probablement écrire tout d'abord sur certaines feuilles, sur des tablettes de pierres tendres ou enduites de certains produits ou bien encore sur certaines écorces d'arbres, ou de roseaux, sur des peaux d'animaux ayant subi une certaine préparation, etc. » Quand ils furent en mesure d'exprimer leurs pensées et de faire connaître leurs décisions par l'écriture et par le livre, ils se réunirent, ils émirent leurs vues, ils élaborèrent, se consultèrent en referendum et communément ils créèrent des droits, des lois, des dogmes, et des constitutions quelconques, quand enfin ils eurent définitivement adopté leurs principes sociaux quelconques, toutes leurs décisions furent rigoureusement consignées, sévèrement écrites dans des livres qui, une fois pleins de leurs volontés, furent destinés à servir de guides et de commandements à tous leurs subordonnés. Ils décidèrent que tous les hommes qui seraient choisis pour occuper une place gouvernementale devraient préalablement, jurer d'obéir aveuglément et d'agir conformément aux très souveraines écritures. Les écritures ainsi créées, utilisées et consacrées donnèrent l'observance et la souvenance des règlements et des constitutions. Elles permirent l'unification gouvernementale, applanirent de grands obstacles pour livrer passage à la marche progressive et triomphale de la Civilisation.

Quelques-uns de ces fameux et antiques livres, connus sous les noms de Coran, de livres saints ou sacrés, de Vieux ou de Nouveau Testament, ne sont que des réformes plus ou moins déguisées, plus ou moins éclectiques des premiers Empires.

Quand enfin les gouvernants d'un peuple quelconque eurent, par la pratique, vu et bien senti la précieuse puissance de l'Ecriture, certains d'entre eux eurent des visions grandioses, profondes et bienfaisantes. L'espace, l'infini, les éléments inquiétaient leur esprit et les faisaient rêver de conquêtes, d'études et de sciences. Mais ils comprirent, qu'avant tout, ils devaient s'occuper et ne rien négliger pour mettre leur œuvre civilisatrice à l'abri des flots destructeurs que le vent des calamités faisait surgir des profondeurs inconnues des continents.

C'est ainsi qu'ils durent se dire avec juste raison : — Puisque nous ne connaissons ni l'immensité, ni même le nombre des continents, sur lesquels il existe certainement une multitude de

peuples isolés, et que c'est précisément cet isolement qui constitue le plus grand danger pour les civilisations, il importe donc
que nous fassions tout notre possible pour connaître tous les
peuples et tonte l'étendue de la Terre. En conséquence, nous
allons sans retard, former des expéditions qui seront conduites
par des hommes de courage, d'intelligence et de franc dévouement. A ces hommes que nous aurons préalablement instruits
et préparés, nous leur dirons : Allez aussi loin que vous pourrez, fouiller la surface du Globe. Souvenez-vous que vous accom-
plissez la plus haute et la plus louable des missions. Cherchez
les peuples, étudiez-les bien, faites-nous savoir leur genre de vie,
leurs mœurs, leur autonomie, leur organisation, donnez-nous des
explications sur les produits et l'étendue des pays. Soyez pru-
dents, insinuants et convaincants. Mettez-vous en rapports ami-
caux avec les principaux chefs des peuples en voie de civilisation.
Dites à ces chefs qui vous êtes, qui nous sommes et ce que nous
voulons. Faites-leur comprendre que pour leur propre sécurité,
pour l'existence même de leurs peuples, et pour conjurer les
grands maux qui affligent l'humanité, il est absolument nécessaire que nous nous connaissions, que nous nous signalions
l'apparition du grand danger commun. Autrement dit, montrez-
leur le péril permanent et terrifiant que sont ces bandes colos-
sales d'affamés qui jettent l'épouvante et la destruction sur leur
passage, traînant trop souvent hélas derrière elles la ruine la
peste, le choléra, etc., etc., dites-leur qu'il faut que nous nous
entendions pour avoir le temps d'assembler nos forces afin
d'anéantir ou de repousser avec succès ces malheureux humains

nomades et barbares que le mal nous envoie. Répétez-leur qu'il est absolument utile que nous nous entr'aidions pour réprimer les révoltes de nos propres peuples ; que pour obtenir ce précieux résultat, il est indispensable que nous ayions plusieurs peuples prêts à terrasser le peuple qui tentera de se révolter ; qu'il est conséquemment nécessaire que d'un commun accord, nous cachions la vérité aux profanes, que nous élevions des barrières, que nous semions la discorde, l'erreur et la haine entre tous nos peuples, qu'il faut que nous arrivions à les faire penser et agir comme nous voulons qu'ils pensent et agissent. Il faut que nous leur imposions nos volontés et les conduisions tel qu'un troupeau de moutons. Il faut qu'ils nous ignorent, il est nécessaire qu'ils croient que les biens et les maux viennent des dieux que nous leur avons créés, afin qu'à leur insu, nous puissions les appauvrir et les faire s'entr'égorger suivant que les circonstances, les éléments ou les événements nous pousseront à agir dans ce sens. Au nom de ces nécessités cruelles, mais salutaires, faites-leur bien comprendre qu'étant avec nous et nous avec eux nous serons plus forts et plus maîtres de nos peuples. Dites-leur bien que s'ils sont en communion d'idées avec nous, que nous sommes heureux de les inviter à pactiser et à travailler avec nous au sauvetage de l'humanité.

Quant aux chefs de peuples qui réprouveront nos principes civilisateurs, qui n'en auront pas de plus justes et efficaces à faire valoir, qui auront l'esprit trop obtus pour en comprendre tous les heureux avantages, dites-leur que par nous ils seront immédiatement traités en ennemis, que non seulement nous les abandonnerons à eux-mêmes, mais que nous saurons encore par des intrigues, par de savantes machinations et au besoin par la vive force arriver à leur enlever toute leur puissance, et qu'à leur insu nous saurons trouver et préparer des hommes selon notre convenance, qui s'empareront de leur pouvoir et feront ce qu'eux ne veulent pas faire.

Quant aux peuples que vous trouverez sans chef et par trop primitifs, vous aurez pour devoir de leur persuader combien sont grands les bienfaits d'une entente sociale. Parmi ces peuples vous rechercherez les hommes les plus aptes à vous comprendre et à vous aider à organiser ces peuples à l'instar de ceux qui sont déjà sous notre autorité. C'est ainsi que triomphants, nous arriverons à placer ces nouveaux peuples sous notre toute-puissante Egide.

Tel fut le langage qui vraisemblablement fut plus d'une fois tenu aux propagateurs de principes civilisateurs.

C'est ainsi que les omnipotents des grandes civilisations arrivèrent à étendre leur pouvoir et à savoir organiser, à créer des administrations et des provinces, à avoir des fonctionnaires, des soldats et des prêtres hiérarchisés, des lexicographes, des grammairiens, des poètes, des historiens, des géographes, des astronomes, des mathématiciens, etc., etc.

Telle fut la manière la plus probable dont se formèrent les grands Empires.

Depuis l'origine des premières sociétés humaines, combien de fois parmi les hommes qui se sont attribués la très haute mission

dè sauver le monde, ont-ils essayé d'étendre leur pouvoir civilisateur sur toute notre planète ? Je l'ignore ! Mais ce que je puis
certifier, c'est que jamais ces augustes personnages n'ont pu avoir
le sublime bonheur d'atteindre le noble but qu'ils s'étaient pro-
posé. Tous ont éprouvé la vive douleur de voir leur édifice
s'écrouler dans un sinistre fracas sans jamais pouvoir l'achever.
Très difficultueuses ou mal conçues, les bases ne furent jamais
assez solides pour résister à la violence des tempêtes humaines.
Il ne subsista que des ruines. Fatalement l'humanité devait tré-
bucher dans les débuts de son existence.

Cependant des temps meilleurs sont venus et cela grâce aux
fondateurs de la présente civilisation : quoique leurs successeurs
actuels n'aient pas encore réussi à étendre son pouvoir bienfaisant sur toute la Terre, je n'hésite pas à reconnaître que le
Monde peut être définitivement sauvé. J'ai parfaitement conscience qu'ils ont pour toujours éliminé ces terribles bandes de
barbares que le Mal parvenait à jeter sur l'humanité.

Instruits par les écrits qui survécurent aux catastrophes sociales, ils apprirent qu'elles furent les organisations des dernières civilisations disparues, ils connurent ainsi les fautes et les
erreurs commises, ils évitèrent eux-mêmes de les commettre, étu-
dièrent sagement et mûrement. Sciemment, ils élaborèrent un
nouveau plan pour l'édifice de la civilisation actuelle, et certes,
aujourd'hui, après les résultats obtenus, on peut dire avec certitude que jamais édifice civilisateur ne fut aussi habilement et
aussi solidement construit. L'exécution de cette œuvre exemplaire
imposera toujours un respect immortel. Nul n'oubliera que c'est

dans l'enceinte de cet édifice qu'est venu naître le Génie du Bien. Voilà bientôt deux mille ans que ce bon génie humain qui crée les sciences, les arts et toutes les choses qui procurent le bien-être, s'y développe et s'y fortifie, si bien qu'à l'heure où j'écris, il est devenu assez grand et assez fort pour nous délivrer tous du Mal, pour terrasser et tuer ce terrible monstre qui depuis les temps les plus reculés ne cesse de dévorer les masses humaines.

Malheureusement, nos très hauts gouvernants serviles, par habitude, par instruction, par tradition, par atavisme et par l'origine des textes sacrés, continuent, pleins de quiétude, à l'abreuver du noble sang des travailleurs. On croirait qu'ils ignorent les précieuses créations du génie humain, qu'ils semblent incapables d'avoir confiance en ces merveilles bienfaisantes, qu'ils oublient le but admirable de leurs principes d'autorité, d'entente, d'organisation et de délivrance; ils semblent buter dans leurs principes sociaux millénaires. Comme par le passé, ils s'entourent d'ombres; ils ne veulent plus sortir de l'empire des ténèbres, ils s'y plaisent et semblent redouter la lumière, ils veulent faire croire à leur immuabilité et infaillibilité.

Oh, je sais bien que leurs prédécesseurs, voulant régner partout, durent souvent se créer des instruments de règnes appropriés aux circonstances. Une expérience, bien des fois séculaire, prouve qu'ils y ont merveilleusement réussi; ils ont su s'adapter à tous les temps, à tous les pays, à tous les peuples, et à toutes les nécessités que suggéra le développement de leur genre de civilisation, et cela pour le grand profit du bien-être général. En ces temps d'impuissance et de sacrifice, c'était légitime. Mais aujourd'hui peuvent-ils allier les grandes œuvres du genre humain avec leurs vieux principes civilisateurs pour le plus grand profit du bien-être général ? Non ! Cent fois non ! Cette union est incompatible, elle équivaut à des milliers et des milliers de crimes, elle rend nos fiers conducteurs de peuples responsables de toutes les ignominies, de toutes les larmes et de tout le sang qui sont versés pour assurer le triomphe de leurs basses intrigues politiques. Elle les laisse sans excuse, elle leur enlève le droit de déshériter les travailleurs, le droit d'instruire et de dresser à mal faire une foule de gens, sous le prétexte que c'est dans le louable but d'éviter les pires calamités. Elle leur enlève le droit de mensonges, de trahisons, d'appauvrissement et d'avilissement, de vols et de guerres. Elle leur enlève le droit de gaspiller le travail, de négliger la défense réelle du sol, et la culture des terres ; le droit de tolérer la paresse prolétarienne ; le droit enfin de violer la morale et la fraternité.

Ouï, les grandes œuvres du génie sont là rigides de puissance bienfaisante, criant bien fort qu'elles peuvent assurer le droit de l'homme ; criant bien haut à nos meneurs de Nations : « Ce que vos aïeux ne pouvaient pas faire, vous pouvez le faire. Grâce à nous, vous n'avez plus le droit de sacrifier la moitié de l'humanité pour sauver l'autre. Grâce à nous, vous pouvez sauver l'humanité tout entière ». Mais hélas ! nos omnipotents sont sourds à ces généreuses et sublimes voix. Je les crois plus craintifs et plus ignorants, qu'intransigeants. Trop captivés par les trames de leur civilisation, trop absorbés par les trames d'odieuses combinaisons d'appauvrissement populaire, trop hypnotisés par la facilité du bien-être et de l'opulence, trop imbus des droits anciens, trop entichés de leur puissance devenue néfaste, trop congratulés par leur entourage, ils sont je crois inconscients de l'effroyable quantité de crimes dont ils se rendent responsables. Ces grands coupables se doutent-ils que les sciences positives, les laissent sans excuse? Se doutent-ils que dans la postérité, ils seront flétris et condamnés à une haine éternelle?

Combien de temps, ces sourds insensés ou ces infâmes criminels laisseront-ils les nobles travailleurs se traîner agonisants dans la fange sanglante et enlizante qui infecte ce bas monde? Quand les délivreront-ils de ces nombreux et hideux oiseaux de proie qui les assaillent, leur crèvent les yeux et déchiquettent leur chair? Je l'ignore (attendu que cela dépend du temps qu'il faudra pour la complète libération de l'ignorance des peuples, et du temps qu'il faudra pour que les vrais gouvernants reconnaissent leurs erreurs).

O suprêmes gouvernants, devant tant de souffrances et d'horreurs, qu'attendez-vous pour sauver le Monde? Qu'attendez-vous pour faire votre devoir? Auriez-vous oublié les droits de l'homme au point de ne plus pouvoir lui faire justice? Allons voyons, quelle est votre excuse? Que pouvez-vous bégayer? Quelles raisons, quels mystères pouvez-vous évoquer devant la puissance des sciences? Moi je ne vois rien! donc je vous accuse.

Toi ! petit nombre,
Ma pensée sombre
Devant tes actes,
Fort par tes pactes
Tes affiliations,
Tes machinations,
Et tes religions
Qui forment légions.
Tu fais le Monde
Servile, immonde ;
Tu sors ton sabre
Quand il se cabre,
Il te faut son sang
Pour rester puissant !

Mais d'où donc viens-tu ?
As-tu une vertu
Incomparable ?
Un droit capable
De te justifier,
De te sanctifier ?

Quoi ! Invincible
Et invisible
Héréditaire,
Pour toujours plaire
Aux vieux mystères
Tu veux te taire ?
Mais peu m'importe
Que tu ne sortes
De ton silence.
Ma vigilance
Sut trouver l'antre
Où tu concentres
Précieusement
Le rayonnement
Sinistre et beau
De ton vieux flambeau.

Par l'ouverture
D'une fissure
J'ai pu l'entrevoir,
Sa fumée noire,
Sa rouge lueur
Qui sèment l'erreur
N'ont pu m'empêcher
De le voir pencher
Sur ton faible front
Qu'ils couvrent d'affronts !
C'est sous sa flamme
Que tu déclames,
Que tu décrètes
Les lois secrètes
Qui avilissent
Et appauvrissent
Le genre humain.

Ecrase de ta main
Cette lumière
Dont tu es fier
Comme d'un astre,
Qui du désastre
Ne peut nous sauver !
Ce flambeau rivé
En ton souterrain
N'est point souverain !
De notre salut
Il n'est pas l'élu !

Le Génie commande un changement d'organisation sociale.

Le fameux problème social autrefois si difficile à résoudre, ne l'est plus aujourd'hui, et s'il ne l'est plus, c'est grâce au bon Génie qui a su nous donner les sciences nécessaires à sa bonne solution. Ce sublime créateur de merveilles a fait tout ce qu'il faut pour mettre le bonheur à la portée de tous les humains. C'est donc à nous de placer nos intérêts et nos droits sous ses auspices et de savoir utiliser ses meilleures actions pour une nouvelle organisation sociale.

Il est notoire que l'organisation actuelle de la société est pleine de vices, d'iniquités et qu'elle ne peut assurer le bien-être à tous ses membres.

Or moi je suis en mesure de prouver que la société peut être organisée de façon à ce que tous les humains qui voudront être heureux puissent être heureux, en d'autres termes à ce que tous les humains qui voudront posséder leur part de biens terrestres puissent les posséder.

J'affirme que notre vieille organisation doit disparaître et qu'elle pourrait être remplacée par une autre qui serait constamment en harmonie avec les progrès des sciences, et le droit naturel des honnêtes gens. Par une organisation qui ferait que le citoyen le plus dénué de propriétés pourrait, par le seul fait d'avoir consenti librement à l'exécution de travaux utiles à la société, obtenir du gouvernement une rente annuelle de trois mille francs, et cela avant d'avoir atteint sa trente-cinquième ou même sa trentième année ; cette limite d'âge dépendrait exclusivement de l'économie du travail social, de la multiplication des machines et du besoin plus ou moins grand de toutes ces choses qui assurent la vie matérielle et intellectuelle. Cette organisation châtierait jusqu'à la mort, toutes les personnes fortes et valides qui n'ayant pas les moyens de vivre honnêtement se refuseraient à tout labeur. Pour être bref, l'organisation actuelle serait remplacée par une organisation qui apporterait avec elle la panacée qui pour toujours nous délivrerait de tous nos maux sociaux.

Ma très humble personne déclare que cette organisation idéale et souveraine peut exister. J'atteste que la pleine satisfaction des droits de l'homme et de la société l'exige impérieusement.

Considérant que, si je gardais le silence, ce serait manquer au plus haut des devoirs, ce serait, consciencieusement, m'associer aux crimes de lèse-humanité de nos gouvernants ; voulant faire mon devoir intégralement, voulant dégager ma responsabilité du mal social, je veux faire tout mon possible pour faire connaître la conception de l'organisation sociale que je propose. J'essaierai donc de réagir, de lutter, d'opposer mon imperceptible résistance au mal et je tâcherai par mes paroles, par mes écrits, au besoin par mes sacrifices personnels, de propager et de préparer le triomphe de mes bons et justes principes sociaux.

Les Raisons sociales.

Considérant que tous les humains naissent égaux en droits, considérant que la planète Terre appartient à toute l'humanité, considérant que chaque membre de l'humanité a droit à une même quantité de toutes les matières qui composent notre Globe, considérant que seul le Travail donne aux hommes le droit légitime de jouir de leur part d'héritage terrestre, considérant que sans travaux, ni les individus, ni les sociétés ne peuvent exister, considérant que c'est de la communion de la Nature et des labeurs que nous viennent toutes les choses qui nous procurent le bien-être, considérant que tous les humains éprouvent les mêmes besoins naturels, qu'ils recherchent tous le bien-être, et que c'est cette noble recherche qui les guide dans leurs actes, considérant que la Nature a mis toutes ces matières en une seule masse commune, qu'elle a fait le Globe indivisible, que ses lois sont générales et invariables et que, par ses exemples, elle ordonne l'union de tout le genre humain, considérant que, de la possibilité de cette union universelle, il résulterait force, paix, sécurité, richesses, abondance et économie dans tous les labeurs, considérant que ce serait précisément de ces précieuses économies que jaillirait la source la plus abondante du bonheur commun, il est donc incontestable et indispensable qu'un nouveau contrat soit établi sur des principes rigoureusement simples, sévères, justes, loyaux et fraternels.

Le Droit social dépend du Droit individuel.

Le droit individuel n'est autre que le droit de propriété dont j'ai, au commencement de ce livre démontré la légitimité naturelle et absolue. Or la Terre étant matériellement indivisible, il s'en suit que c'est précisément cette indivisibilité que nul ne peut nier, qui est la cause du droit social. D'autre part les humains, pour être parfaitement heureux, ont non seulement besoin de tous les produits de la Terre, mais encore de tous les produits du Travail, des sciences et des arts. Il est donc indispensable que nous formions une vaste association universelle ; il importe que le droit individuel soit respecté et qu'il obtienne pleine et entière satisfaction ; il importe que chacun ait la liberté de faire ce qu'il lui plaît, tant qu'il ne porte pas préjudice à autrui et que ses moyens d'existence sont reconnus honnêtes.

L'association doit être faite en vue d'obtenir les mêmes résultats, que ceux qui seraient obtenus par le partage de la Terre en autant de portions qu'il y a d'individus. Il faut que l'association fasse ce que la Nature ferait en pareil cas, il faut qu'elle punisse jusqu'à la mort tout individu prolétaire, fort et valide qui refuse de se livrer à toute bonne besogne. Il faut que toutes les personnes qui veulent travailler puissent travailler en tout temps, absolument comme elles pourraient le faire si chacune d'elles vivait isolément sur sa part de biens terrestres. Il ne faut pas qu'un homme puisse dire « Je ne trouve pas de travail ». Il faut que par l'intermédiaire du gouvernement, nous formions une seule et unique famille, tout en restant parfaitement solitaire et individuel. Il faut que tout homme qui, par son activité, son intelligence ou tout simplement par sa chance, est arrivé à la fortune puisse garder entièrement pour lui toutes ses richesses. Si telle est sa volonté, il faut qu'aucun humain de son vivant, puisse être dans l'obligation de donner une partie de son avoir pour contribuer aux frais sociaux ou gouvernementaux. Il faut enfin que l'association soit faite en vue de la défense du droit naturel des honnêtes gens ; il faut qu'eux seuls aient le droit de vie, de liberté et de quiétude.

La Terre n'a que 4,000 mètres
de circonférence.

Tout d'abord je tiens à redire que l'origine de tous les maux qui affligent et qui ont toujours tourmenté l'humanité sont dus à deux causes essentielles, la première à l'étendue de la Terre et la deuxième à l'origine de l'humanité, autrement dit au nombre des êtres et des peuples qui ont habité la Terre, sans entente universelle et qui ont vécu la plupart en s'ignorant les uns les autres.

En effet, si la Terre n'avait eu que quatre kilomètres d'étendue et qu'elle n'eût été habitée que par une famille de dix personnes, n'est-il pas évident que toutes auraient vécu en bonne intelligence ! qu'il est à présumer qu'aucun membre de cette famille ne se serait refusé à participer à l'accomplissement des travaux utiles, à leur bien-être ? En tout cas jamais ils n'auraient toléré qu'un des leurs, jeune, fort, bien portant, vive à leurs dépens.

Ah certes ! si l'étendue et la population de la Terre avaient toujours été ainsi, jamais cette petite humanité n'aurait connu nos maux, elle aurait bien vite su s'organiser pour être heureuse.

Eh bien ! Nous, la grande humanité, pourquoi ne ferions-nous pas comme cette minuscule humanité ! Maintenant que le Génie est à notre service, rien ne peut nous empêcher d'en faire autant, nous le pouvons certainement, nous n'avons qu'à nous entendre et qu'à le vouloir.

L'électricité, cette bonne fée, n'est-elle pas là prête à réduire l'énorme circonférence de la Terre pour ne lui laisser que quatre mille mètres de surface, pour lui escamoter trente neuf mille neuf cent quatre-vingt-seize kilomètres sur quarante mille ? L'arithmétique, cette autre bonne fée n'est-elle pas là se jouant des nombres, des multiplications et des statistiques, défiant l'infini et l'éternité ? L'écriture, les livres, les écoles, l'organisation administrative des provinces, la police, les lois, la presse, la vapeur, l'électricité, les câbles sous-marins, les machines, etc., n'est-ce pas là autant de bonnes fées qui, lorsque nous le voudrons, se chargeront d'unifier l'humanité entière en une seule famille, et de tout faire en ce monde, comme pourrait le faire une famille de dix personnes qui habiterait une petite planète de quatre mille mètres de circonférence ?

On peut partager la Terre.

Si paradoxal que cela puisse paraître, ce partage n'en reste pas moins possible. Evidemment, quand je dis que l'on peut partager la Terre, ce n'est pas que j'entende qu'il soit donné à chaque membre de l'humanité une égale portion de toutes les choses qui composent notre globe terrestre, non ! Ce serait par trop chimérique, trop impossible et trop facilement critiquable; ce que j'entends, c'est de figurer ce partage par une valeur fictive et conventionnelle, c'est de créer, par entente, une valeur équivalente ou tout au moins approximative de tous les biens de la Terre, c'est de créer en quelque sorte une autre planète que l'on puisse manier et diviser à volonté. Or pour que cette valeur et ce partage métaphysique deviennent réalité rien de plus facile, rien de moins extraordinaire. Point n'est besoin d'avoir recours à la puissance déconcertante d'un Dieu. Le moyen physique qui opérera ce miracle est tout trouvé; voilà des milliers d'années que l'esprit humain l'a créé : Je veux parler du système monétaire. En effet, l'or, l'argent et autres métaux ne sont-ils pas là prêts

ι représenter la valeur que l'on voudra bien leur attribuer ? Ne
ont-ils pas là pour permettre que chaque humain ait sa part de
biens terrestres ? Ne sont-ils pas là pour assurer le droit social et
le droit individuel ?

Nécessité d'une autorité souveraine et paternelle.

La conséquence de cette nécessité est aussi simple que logique ;
en effet, si l'on admet l'imprescriptibilité des droits de l'homme,
si l'on admet que la Terre est matériellement indivisible, si l'on
admet que les hommes sont forcés par la nature à vivre sur la
même planète, si l'on admet que grâce à l'esprit génial humain,
l'on peut figurer une autre planète au moyen du système monétaire et que l'on peut fictivement se la partager ; si l'on admet
que l'association de tous les humains est indispensable pour le
bonheur commun, que la fainéantise doit être privée de
liberté, forcément, il faut reconnaître la nécessité et la légitimité d'une autorité souveraine paternelle et éternelle. Autrement dit, il faut que des lois justes, sévères et immuables régle-
mentent la société.

Les lois fondamentales doivent émaner de la volonté du plus
grand nombre des individus. Les lois doivent être considérées

comme etant l'âme des peuples unis. Naturellement pour que les lois, les codes, les principes qui ont été votés et acceptés pour la réglementation produisent tout l'effet que l'on en attend, il faut les mettre en vigueur et en surveiller la stricte application. Pour qu'il en soit ainsi, il est indispensable qu'un certain nombre d'hommes s'occupent exclusivement de l'ordonnance et de l'observance des lois constitutionnelles, il faut que des hommes d'honnêteté, de sagacité et d'activité veillent constamment à la conservation des droits de tous et de chacun, il faut que des hommes intègres représentent et vivifient la toute-puissance des codes établis, il faut qu'eux seuls personnifient la solidarité, la mutualité, la prévoyance, l'assurance, la confiance et la justice, il faut qu'eux seuls dirigent et conduisent la grande communauté universelle, qu'eux seuls représentent la grande collectivité humaine, il faut pour ainsi dire qu'ils représentent un être suprême de puissance, de sagesse et de bonté, un Père immortel « qui ne peut mourir qu'avec tout le genre humain », qui traite tous ses enfants avec une parfaite égalité, un père qui sait justement punir ceux qui ne font point leur devoir.

Le Bien-Être, le Travail, les Droits
de l'homme.

Le bien-être est recherché de tous les humains, tous le réclament, tous guident leurs actes dans ce sens. C'est le but commun, le désir ardent qui anime tous les mortels ; il est le point d'appui sur lequel doit pivoter la félicité sociale, il est le point de départ de mes principes sociaux.

Pour qu'un homme soit heureux, il faut nécessairement qu'il puisse se nourrir selon ses goûts et ses appétits, se bien vêtir en toutes saisons, se loger confortablement, se chauffer, s'éclairer raisonnablement, qu'il puisse voyager et utiliser tous les moyens de transports en usage, quand tel est son désir ; lire et écrire suivant sa volonté ; avoir des connaissances générales sur toutes choses ; user sans abus de tout ce qui donne la satisfaction corporelle et morale, disposer enfin de sa personne comme bon lui semble et qu'il ne soit jamais astreint par autrui à aucun travail pénible.

Malheureusement ou heureusement, la puissance mystérieuse des lois de la Nature n'a pas voulu dispenser l'homme de toute nourriture, lui préparer toutes les denrées alimentaires au point qu'il puisse se dispenser de les accommoder culinairement. Elle n'a pas voulu que les mets lui tombent tout préparés dans la bouche, ni lui placer sous la main des vêtements tout faits, ni lui construire des maisons toutes meublées ; elle ne lui a point mis des ailes dans le dos pour lui permettre de se transporter rapidement en de lointains pays, etc., etc. Non ! la nature a voulu que nous prenions la peine d'ouvrager tout ce qu'elle nous a donné, elle veut que nous travaillions manuellement et intellectuellement pour obtenir toutes ces belles et bonnes choses qui procurent le bien-être.

D'autre part, les hommes étant égaux en droit et en propriété naturels, il s'en suit que chacun de nous doit travailler pour être digne des richesses de la Terre et pour mériter la jouissance des fruits du Travail.

Mais l'insondable Puissance qui créa notre Planète a voulu pour que les humains puissent être heureux qu'ils aient besoin de tous les produits de la Terre et de tous les produits du travail. Elle a voulu que les humains travaillent les uns pour les autres. Elle n'a pas permis à un seul homme de pouvoir faire toutes ces belles ou bonnes choses que l'on admire dans nos magasins ou dans nos grandes expositions universelles. Elle prive de réel bien-être tout individu qui s'isole, pour vivre en Robinson. Elle a voulu que le bien-être supérieur ne s'obtienne que par l'association de tout le genre humain.

Ceci est si vrai que si les hommes s'avisaient, sous le prétexte qu'ils sont égaux en droit et en propriété naturels, de diviser la surface du globe terrestre en autant de petits carrés de terrain qu'il y a d'habitants, chaque être humain ne devant, ni ne pouvant sortir de sa part de propriété, ne pourrait jamais connaître le bien-être supérieur. Nul ne pouvant faire connaître ou admettre des conventions sur l'écriture, l'arithmétique, etc., nul ne connaîtrait ni ne pourrait avoir le charme et le confort que procurent les sciences, les arts et les métiers. Tous seraient quotidiennement occupés à chercher ou à préparer une nourriture très rudimentaire et quasiment invariable; leurs sens inconscients leur donneraient des jouissances bestiales. Elle a voulu que plus les humains s'unissent, plus ils soient heureux. C'est de leur concorde que naquirent les systèmes monétaires, les sciences et les professions, c'est de leurs rapprochements et de leurs conventions que naquit le bien-être que procure la richesse monétaire.

La richesse, représentée par l'art, est certainement la meilleure conception que l'on puisse trouver pour procurer le bien-être : elle est une fée qui dispense de tout labeur; avec sa baguette d'or elle fait don de toutes les choses qui existent ici-bas. Malheureusement, de tout temps, la richesse ne s'est mise qu'au service de la minorité des humains. Autrefois certes, c'était fatalement inévitable; l'entente universelle était impossible. Mais aujourd'hui, devant la puissance merveilleuse et bienfaisante des sciences positives, devant l'égalité des humains en droits et en propriétés, je ne vois pas pourquoi tous ceux qui ont accompli un travail utile à leurs semblables ne seraient pas dignes de la richesse; je ne vois pas pourquoi l'on ne créerait pas une force capable de réglementer la richesse.

Le travail égalise tous les hommes.

Les métiers sont utiles au bonheur commun de humains; il est bien, il est nécessaire que des individus se spécialisent dans le travail par des professions; ils n'en sont que plus habiles à exécuter tel ou tel travail, à fabriquer tel ou tel objet. L'art, les sciences, le beau, le progrès, le bien-être social ont tout à y gagner.

Les déconcertantes et immuables lois de la Nature ayant voulu que des humains soient plus intelligents et plus actifs les uns que les autres, ayant voulu que les uns soient prodigues et imprévoyants pendant que les autres sont économes et soucieux de l'avenir.

Devant l'incontestabilité des différents caractères et qualités qui animent les humains, il s'en suit que si les hommes avaient la fantaisie (sous le prétexte qu'ils sont égaux) d'exercer individuellement une profession, beaucoup se ruineraient tandis que les autres s'enrichiraient, les uns seraient la plupart du temps oisifs, pendant que les autres ne pourraient, malgré leur courage et leur activité, arriver à exécuter toutes les commandes qu'il leur seraient faites. Il en résulterait que les oisifs, pour vivre, seraient bien contents d'aller travailler chez ceux chez qui les commandes 'afflueraient, et que ceux chez qui les commandes abonderaient seraient bien contents d'avoir des aides pour les aider dans leurs travaux.

La mystérieuse Nature, ayant voulu que l'amour du bien-être ou de l'humanité, stimule certains cerveaux génials a créé une foule de choses utiles à l'accomplissement du travail, il s'en suit que, pour se servir utilement du savoir professionnel, des outils, du matériel et des machines, il est nécessaire que beaucoup de professions soient exercées collectivement ; il faut que des groupes d'humains travaillent ensemble dans le même atelier, la même usine, le même laboratoire, etc., il faut qu'ils s'entr'aident et se spécialisent même dans leurs professions. Il s'en suit que ce mode d'accomplir le travail permettant à chacun d'avoir l'emploi qui convient à ses aspirations, à ses facultés et à ses aptitudes, chacun serait content de son rôle.

Il s'en suit que les plus intelligents, les plus habiles dirigeraient ou exécuteraient les travaux les plus difficiles, pendant que les intelligences inférieures exécuteraient les travaux les plus fatigants de corps et les moins fatigants d'esprit.

La Toute-Puissante Nature ayant parfaitement harmonisé les différentes nécessités du Travail avec les différentes aptitudes et qualités des humains il s'en suit que par cela même, elle semble nous dire : je veux qu'il y ait des patrons, des maîtres, des chefs, des artistes, des ouvriers, des manœuvres, des employés, des subalternes, etc. Elle a voulu quechacun puisse être content en se sentant bien à sa place.

Tandis que s'il lui avait plu de faire les humains égaux en intelligence et en savoir, tout en conservant les mêmes exigences pour l'accomplissement du Travail, il eut bien fallu que la majorité d'entr'eux se résignât à exécuter les travaux les plus pénibles, les plus salissants et les plus dangereux : mais fort heureusement il n'en est pas ainsi, elle a mieux fait les choses. En sa magnanimité, elle a voulu que les humains restassent quand même égaux devant le travail, elle a voulu que tous les humains qui exercent communément une profession fussent autant les uns que les autres et pussent tous être heureux.

En effet n'est-il pas évident que tous les humains qui travaillent, soit comme patrons, soit comme ouvriers, produisent une richesse qui est représentée par une foule de choses qui sont toutes utiles au bien-être général. Les échanges ou la vente de cette foule de choses, produites par le travail, laissent des bénéfices qui vont toujours aux patrons, et encore pas à tous les patrons, car il ne faut pas oublier que cette richesse, étant donnée l'instabilité du commerce, de l'industrie et des récoltes, la concurrence et la chance, les caractères, les passions, les qualités intellectuelles et les aptitudes des patrons, va capricieusement se donner à un nombre plus ou moins grand d'entr'eux.

Quant aux ouvriers, ils n'ont qu'un paiement, ou part de gain, si minime que l'enrichissement leur est généralement impossible. Il est superlativement rare qu'un travailleur arrive, par son salaire, à posséder trois mille francs de rentes avant sa trente-sixième année. Je crois même que c'est là un cas sans précédent. Cependant tous les travailleurs qui ont apporté une égale force musculaire ou intellectuelle à l'accomplissement du travail sont égaux en droits et en propriétés, ils doivent tous par conséquent avoir une part égale dans les bénéfices.

Peut-on justement édicter des lois qui obligent les patrons à partager leurs bénéfices avec leurs ouvriers ? Non ! assurément non ! l'imbroglio inévitable et néfaste qui en résulterait, est facile à concevoir. Il est notoire que de telles ordonnances ne seraient ni applicables ni durables, attendu qu'il faudrait des comptabilités à n'en plus finir et non seulement ces multiples comptabilités augmenteraient considérablement le travail social, mais elles feraient naître un nombre effroyable de tourments, de soupçons, de discordes et de querelles, qui, finalement, anéantiraient la responsabilité, l'autorité et le devoir, attendu que les vicieux, les paresseux trouveraient là une nourriture trop facile à leurs vices et paresse, attendu qu'il existe des gens qui cessent

tout travail dès qu'ils ont quelque argent, parce qu'ils entendent jouir immédiatement du fruit de leur travail, attendu que
les ouvriers travaillent rarement pendant vingt années chez les
mêmes patrons, attendu que tous les patrons ne s'enrichissent
pas avec une parfaite égalité, bien au contraire que le nombre
de ceux qui végètent, se ruinent ou arrivent à gagner moins de
cent mille francs — et de deux cent mille francs s'ils sont mariés
— autrement dit moins de la valeur conventionnelle de leurs portions des biens terrestres, est bien plus grand que le nombre des
patrons qui s'enrichissent à millions.

Quant aux associations partielles, les résultats seraient à peu
près les mêmes.

Ce n'est donc pas encore là qu'il faut chercher les moyens qui
permettront à tous les travailleurs de jouir équitablement du
bien-être auquel leur donnent droit leurs qualités d'humains et
de travailleurs.

Pour que chacun puisse obtenir, avant sa trente-sixième année, le bien-être qu'il recherche en ce monde, il faut avoir recours
à la mortalité des humains et à l'immortalité de la puissance
gouvernementale, il faut l'union universelle de tous les hommes,
et que cette union soit représentée par des lois et un gouvernement universel ; il faut avoir recours aux merveilleuses créations
du génie humain, et que l'association universelle soit faite de
telle façon que pour l'accomplissement du Travail, il y ait le
plus de bras et de machines possibles ; il faut créer l'économie
du Travail et rendre inutile une multitude d'emplois, il faut
glorifier le travail et les travailleurs.

Or pour qu'il en soit ainsi rien n'est plus simple dans le présent comme dans l'avenir, il faut tout simplement ne jamais oublier les droits de l'homme, que certaines lois de la nature sont invariables, qu'il existe des sciences positives et puissantes et qu'il est sage de se rendre à la raison.

Considérant qu'il est nécessaire qu'il y ait des patrons et des ouvriers, considérant que tous les travailleurs sont dignes de tout bien-être, considérant que tous les humains ont intérêt à s'aimer et à s'aider les uns les autres, que tous sont mortels et qu'il y aura toujours des enfants, des adultes et des vieillards, considérant que, par les hommes qui se succèdent dans les places gouvernementales, les lois peuvent être éternelles, je ne vois pas pourquoi la Mort, la sinistre et terrible mort, ne deviendrait pas une puissante auxiliaire de bienfaisance sociale. Là mort, cette épouvantable et invariable loi de la Nature, peut mettre d'accord divers intérêts des vivants. Elle peut donner la possibilité de différer la plus grosse part des bénéfices auxquels ont droit les salariés, pour les abandonner aux patrons. La mort peut permettre au gouvernement de tolérer que, pendant toute leur existence, les patrons profitent de la plus grande partie des bénéfices que donne le Travail, que leur procurent leurs commerces, leurs industries, leurs fermes ou leurs propriétés. La mort et le droit de l'homme autorisent le gouvernement à prendre après le trépas des fortunés, tout ce qui excède leurs parts de biens terrestres, autrement dit qui excède cent mille francs, pour les remettre ensuite aux travailleurs qui ont travaillé le temps voulu pour mériter la jouissance de l'usufruit de leurs parts de biens terrestres.

La mort peut mettre le bien-être à la portée de tous. La mort peut donner au gouvernement le moyen d'éviter la continuité des grandes fortunes scandaleuses, et l'assurer de l'obligation au travail de la grande généralité des hommes.

En conséquence, je considère que si la mort, combinée avec mes principes sociaux, assure à la société qu'il y aura toujours plus de bras qu'il n'en faut pour exécuter tous les travaux que nécessite l'existence de tous les humains, je ne vois pas de quel droit les meneurs des Nations actuelles continueraient d'user du droit des anciens, c'est-à-dire : d'inventer des religions et des patriotismes impurs, machiavéliques et sanguinaires, qui ne sont du reste que l'essence même de la lâche politique qui égare, terrorise et appauvrit le plus grand nombre des humains, afin de les obliger à travailler. Ce résultat si cher et si précieux pouvant être obtenu sans tromperies, sans spoliations et sans crimes par les moyens que je préconise, je ne vois pas pourquoi nos suprêmes gouvernants continueraient à utiliser des millions d'humains pour faire fonctionner dans le silence et dans les ténèbres cette terrible et antique machine qui assure l'existence du paupérisme ; je ne vois pas pourquoi ils ne briseraient pas cette odieuse machine qui fut jadis bien regrettablement créée pour être mise au service du mal ; je ne vois pas pourquoi ils ne supprimeraient pas tous les fonctionnaires qui font manœuvrer cette broyeuse de chair humaine. A savoir : tous les hommes, toutes les femmes qui sont aux services des religions, tous les hommes, toutes les femmes qui sont aux services des polices secrètes, tous les hommes qui sont aux services des armées de guerre, tous les hommes qui sont aux services des octrois, des douanes, de tout fisc et de toute perception d'impôts. Tous les hommes qui sont aux services des compagnies d'assurance contre les incendies, les accidents du Travail, les inondations, les sinistres maritimes, la grêle, les assurances sur la vie et d'une foule de sociétés financières de mutualité, de solidarité, de prévoyance qui sont toutes de qualité et de probité suspectes, tous les hommes qui sont employés aux services des ambassades, des légations, des consulats, des bureaux de l'assistance publique, des monts de piété, des arsenaux, etc.

Toutes ces institutions et tous ces emplois pouvant être sans danger, abolis, ce sont des millions d'humains qui viendraient se mettre à la disposition du commerce, de l'industrie et de l'agriculture et par cela même ils contribueraient dans de larges proportions à augmenter le bien-être social.

Ce n'est pas tout pour accomplir les travaux vraiment utiles, on peut encore trouver des millions d'individus par l'abolition de l'odieuse tolérance qui permet à des créatures humaines de vivre de la prostitution.

D'autre part, au nom du bien-être de tous et de notre sécurité, nous avons pour devoir de supprimer le vagabondage et le tout petit commerce, afin qu'ils ne servent pas de masques et de refuges aux gens de basses qualités qui aspirent à vivre aux dépens d'autrui. Nous ne devons pas tolérer que des gens forts et bien portants traînent à travers villes et campagnes quelques menues marchandises dont la vente demande des journées entières, alors que s'ils étaient en place fixe et que les chalands abondent, dix ou vingt minutes seraient suffisantes pour débiter toutes leurs marchandises. En réalité c'est donc dix ou vingt minutes par jour qu'ils travaillent utilement pour leurs semblables et je crois que vraiment cela n'est pas assez pour mériter le noble titre de travailleur, d'autant plus que l'on trouve généralement en boutique tout ce que vendent les marchands ambulants. Donc ils sont très dispensables, on peut les supprimer sans crainte que nos besoins sociaux en soient incommodés, bien au contraire en autorisant seul le commerce en boutique, les boutiquiers n'en feront que davantage d'affaires et pourront, conséquemment, plus facilement utiliser les machines dans l'exercice de leur commerce. Un boutiquier qui a six employés peut faire plus et mieux que cent petits marchands nomades. Par la suppression des commerçants errants l'on peut donc encore trouver des millions d'humains prêts à exécuter les travaux sérieux et indispensables au bien-être de tous et de chacun.

Ce n'est pas tout : Le gouvernement n'ayant plus de raisons pour faire construire des forts, des navires cuirassés, des casernes, etc., pour fabriquer des canons, des fusils, des sabres, des poudres, en un mot tous ces instruments de la terreur et de la mort ; pour vouloir l'avilissement et l'appauvrissement ; ne tolérant plus l'existence des huissiers, des hommes d'affaires et autres gens plus ou moins serviteurs du Mal ; n'ayant plus de raisons pour fabriquer des livrets militaires, des passeports, des feuilles d'octroi, de contributions, de police, d'assurances, d'actions, d'obligations, de toutes ces mille et mille paperasses, de tous ces innombrables livres qui encombrent nombre d'institutions, administrations devenues inutiles, il n'y aurait plus besoin d'ouvriers pour fabriquer et imprimer tous ces livres, toutes ces paperasses, tous ces équipements et armements militaires et maintes choses qui n'auraient plus leurs raisons d'être.

En résumé on trouverait là encore des millions d'hommes qui indubitablement offriraient leurs bras et leur activité intellectuelle à l'exécution du travail utile.

La conséquence de tous ces millions et millions d'humains que toutes ces dites suppressions mettraient à la disposition du travail utile, serait des plus heureuses, elle doublerait le nombre des travailleurs qui sont actuellement occupés par le commerce, l'industrie et l'agriculture ; elle mettrait deux travailleurs là où actuellement il n'y en a qu'un ; là où actuellement il y a de vieux travailleurs, ce serait des jeunes qui les remplaceraient.

En effet, le commerce, l'industrie, l'agriculture ne pouvant utiliser que la moitié des travailleurs, mis à leur disposition, le gouvernement serait tenu de faire des rentes sérieuses à l'autre moitié qui faute de travail resterait inactive, autrement dit de la mettre en possession immédiate de l'usufruit de toutes ses parts de biens terrestres. Faire le plus de rentiers possible, voilà à quoi le gouvernement devra s'appliquer. Cela vaudra infiniment mieux pour les millions d'humains qui ne peuvent être utilisés par le commerce, l'industrie ou l'agriculture que d'avoir à servir bêtement ou canaillement dans le sinistre fonctionnement de la mystérieuse et antique machine gouvernementale actuelle. Cela vaudra infiniment mieux que de laisser des multitudes de braves gens aux prises avec cette hideuse et cruelle misère qui torture, déforme et salit tant de cerveaux et de cœurs humains.

Or, si le gouvernement est obligé de faire des rentes à tous les travailleurs que le commerce, l'industrie et l'agriculture ne pourront employer, il est certes de toute justice que ce soit aux travailleurs qui ont peiné le plus longtemps que doit échoir le bonheur d'avoir des rentes. Il va de soi que ce sont ceux-là qui doivent jouir de tous les bénéfices de l'économie du travail social que produira la pratique de mes principes sociaux.

Economie du Travail.

Ce sont nos besoins et nos recherches dans le bien-être qui nécessitent le travail ; en effet si j'ai besoin d'une paire de chaussures, je la commande ou l'achète chez le fabricant de chaussures, si j'ai besoin d'un meuble je le commande ou l'achète chez le fabricant de meubles, etc. Les commerçants ne demandent qu'à vendre, mais les clients n'achètent que ce dont ils ont besoin. Or c'est précisément ces besoins et ces achats qui limitent la fabrication de toutes choses. Les marchands ne se pour-

voient de marchandises que d'après les besoins de leur clientèle;
ils sont les intermédiaires, c'est à eux que se font connaître les
besoins publics, ce sont eux qui ordonnent et veillent à l'exécution du Travail, ce sont eux qui commandent dans les ateliers,
les laboratoires, les usines, etc., etc. et font fabriquer tant d'objets comme ceci ou tant de choses comme cela. C'est donc par
eux que l'on peut connaître le nombre de travailleurs nécés-
saires à l'exécution de toutes ces choses ouvragées qui procurent
le bien-être.

L'individualisme, l'amour, l'acharnement que chacun met ici
bas à vouloir s'enrichir le plus possible, empêcheront toujours
les ordonnateurs du Travail d'employer plus de travailleurs qu'il
ne convient à l'exécution de leurs travaux. Si un fabricant, un
commerçant ou un fermier n'a besoin que de dix ouvriers pour
faire son travail, il n'en embauchera pas vingt pour qu'ils se re-
gardent travailler les uns les autres; bien au contraire son intérêt l'obligera toujours à employer le plus de machines possible,
et le moins d'ouvriers possible. Pour le bonheur de tous et de
chacun ce résultat est merveilleux; il équilibre le Travail
avec nos besoins, il est une garantie certaine de l'économie
dans l'emploi des travailleurs, il donne aux salariés la possibilité d'être des rentiers sérieux avant leur 36ᵉ année.

Quant à l'équilibre des travailleurs avec le Travail, il appartient au gouvernement de le trouver et de le maintenir, c'est lui
qui doit assurer les employeurs de salariés, qu'il les pourvoira
toujours du nombre de travailleurs nécessaire à l'accomplissement
de leurs besognes.

Or pour obtenir ce précieux résultat, voici comment le gouvernement doit s'y prendre. Il doit supprimer tous les bureaux de placement et se proclamer le seul intermédiaire entre les employeurs et les employés. Lui seul doit procurer au commerce, à l'industrie et à l'agriculture les travailleurs dont ils ont besoin. A cet effet, il doit dans chaque mairie affecter un local pour le service du placement. Le placement, doit être fait gratuitement et par ordre d'arrivée ; les premiers arrivés doivent conserver les premiers numéros tant qu'ils ne sont pas placés. Il doit relier tous les bureaux, soit téléphoniquement, soit télégraphiquement à des bureaux centraux de placement. Le gouvernement ayant le monopole du placement, il lui serait facile, chaque année, de savoir combien le commerce, l'industrie et l'agriculture occupent de travailleurs, il pourrait savoir combien il y a de personnes qui attendent que les bureaux de placement leur procurent des places. Connaître le nombre des sollicitants, voilà l'important pour équilibrer le nombre des travailleurs avec les nécessités du Travail, pour savoir combien d'années les travailleurs devront se consacrer à l'ouvrage avant d'être mis en possession de l'usufruit des biens que leur octroient les droits de l'homme.

La population de la Terre étant d'environ un milliard et demi d'habitants, les humains qui seraient occupés aux travaux du commerce, de l'industrie et de l'agriculture seraient au nombre de trois cents à trois cent cinquante millions très vraisemblablement. Mais vu la suppression des armées, des polices secrètes, des petits marchands qui n'exercent pas en boutique, de la traite des femmes et de tout ce qui se rattache aux ignobles marchés de chair humaine ; des prêtres et de toutes les personnes qui sont aux services visibles et invisibles des religions ; de tous les gens qui sont occupés à la perception de nos multiples impôts, d'un tas de bureaux d'agences, d'institutions et d'associations plus ou moins ténébreuses dépendant de la terrible machine qui entretient la terreur et la pauvreté des peuples ; vu l'emploi d'un plus grand nombre de machines pour l'accomplissement du Travail ; vu que le culte actuel du drapeau serait remplacé par le culte du Travail et que les millionnaires ne pourraient jamais laisser plus de cent mille francs à leurs héritiers, il y aurait très probablement huit cents à neuf cents millions d'humains qui seraient à la disposition du Travail, c'est-à-dire plus du double de ce que le commerce, l'industrie et l'agriculture ne pourraient en employer. Approximativement, il y aurait cinq cents millions de personnes propres au Travail, auxquelles le gouvernement ne pourrait trouver de la bonne et utile besogne, mais auxquelles il serait tenu de donner assez d'argent pour qu'elles pussent vivre d'un confort conforme aux droits de l'homme.

Le gouvernement n'aurait plus le droit d'user de politique pour amener les commerçants, les industriels et l'agriculture à ne faire travailler leurs employés que cinq ou six heures par jour, afin qu'ils emploient le double du personnel, car dans ces conditions ce serait condamner les gens salariés aux travaux forcés à perpétuité. Pour la liberté et le parfait bonheur de tous, il vaut beaucoup mieux que les humains travaillent pendant qu'ils sont jeunes, forts et vigoureux et cessent de travailler le plus tôt possible pour se reposer définitivement en jouissant tranquillement et béatement de l'usufruit de leurs parts de biens terrestres. Mais je le répète, il est de toute équité que ce doit être ceux qui travaillent depuis le plus longtemps qui doivent être faits rentiers.

Or pour savoir quels sont ceux qui ont travaillé depuis le plus longtemps, le gouvernement n'a qu'à exiger que tous les salariés soient pourvus d'un livret individuel (dit du Travail). Les titulaires de ces livrets seront tenus de faire certifier par leurs patrons le temps qu'ils ont été employés chez eux.

Chaque certificat devra être vérifié et reconnu exact par un chef de la Police et rendu authentique par son visa.

Tel est le moyen simple et facile dont le gouvernement doit se servir pour libérer les plus anciens soldats du Travail.

Quant au nombre d'années ou au nombre d'heures que chaque salarié devra consacrer au labeur pour avoir le droit d'être rentier, il ne peut pas être limité d'une façon absolument durable, il peut être au contraire assez variable, attendu qu'il dépendra exclusivement des besoins plus ou moins grands de toutes ces choses que nécessitent l'existence de la grande société humaine, du progrès du génie humain et de l'emploi d'un nombre de machines plus ou moins grand. Quoi qu'il en soit, il sera toujours facile au gouvernement de le trouver et de le changer quand il le jugera nécessaire, il n'aura qu'à consulter les rapports généraux et annuels de ses bureaux de placement ; ce sont ces rapports qui leur dicteront le nombre d'années que devront travailler les salariés pour mériter d'être faits rentiers. Ces rapports lui feront connaître combien il y a de travailleurs en activité, de travailleurs qui sont en quête de travail. C'est alors que, par quelques rapides calculs, il pourra savoir le nombre d'années ou d'heures qu'il devra fixer.

Exemple : si le gouvernement venait à exiger dix-huit années ou soixante-cinq mille sept cents heures de travail pour avoir droit à la retraite, et que quelques années après, les rapports annuels et généraux de ses bureaux de placement lui révèlent l'existence d'un grand nombre de travailleurs en quête de travail et qu'il soit certain que ce nombre est assez élevé pour lui permettre de diminuer une année ou huit mille sept cent soixante heures de travail, le gouvernement aura pour devoir de n'exiger que dix-sept années ou soixante-deux mille cinquante heures de labeur ; il devra agir ainsi toutes les fois que le cas s'en présentera. De même, si par hasard le contraire venait à se produire, c'est-à-dire si les travailleurs venaient à manquer, le gouvernement aurait le devoir et le pouvoir de rappeler au service du Travail les derniers retraités.

Voilà comment le gouvernement arriverait à équilibrer les travailleurs avec le Travail.

Voilà comment le gouvernement pourra donner du travail à quiconque en réclame.

Voilà comment le gouvernement pourra connaître les plus anciens travailleurs.

Voilà pourquoi plus il y aura d'humains pour faire le bon et noble travail, plus on approchera de la félicité sociale et individuelle.

Voilà pourquoi nous ne devons pas craindre de supprimer tous les rouages funestes de la vieille machine gouvernementale.

Voilà pourquoi nous ne devons pas craindre d'user d'une active propagande pour faire aimer et honorer le Travail et les travailleurs. Le Travail c'est le drapeau qui nous délivrera de nos fléaux, c'est le salut, c'est le bonheur !

C'est le sauveur à la condition que ce ne soit pas toujours les mêmes qui soient à la dure besogne, il ne faut pas que par des légions d'emplois inutiles ou méprisables, par des services d'espionnage, par des forces guerrières, brutes et meurtrières, par des commerces d'amour, de vices infâmes et de vols autorisés, la moitié du monde vive aux dépens de l'autre.

Il ne faut pas tolérer la paresse des adultes, il ne faut pas instruire les hommes de façon à ce qu'ils se haïssent les uns les autres. Il ne faut pas croiser les baïonnettes sur les poitrines de ceux qui réclament du Travail ou du pain. Il ne faut pas condamner les salariés aux travaux forcés à perpétuité.

Ce qu'il faut, c'est de faire travailler le plus d'humains possible afin que chacun d'eux travaillent le moins longtemps possible et puisse, jeune encore, rentrer en possession de son héritage terrestre de telle façon que son ardent désir de vivre libre et heureux soit satisfait. Le Travail honnête récompense les travailleurs, il donne le don de savoir apprécier les bienfaits que procurent la richesse. Le Travail accompli par tous rendra les hommes bons et fraternels ; il empêchera les gouvernants de continuer d'avoir recours aux trames de la politique, aux armes et aux tueries pour conserver leur puissante et néfaste autorité ; il purifiera ces monstres de cruauté ; de leur poitrine il arrachera leur cœur de tigre et de serpent pour y placer un cœur humain.

Eux-mêmes alors ne pourront songer à s'en plaindre.

Comment les salariés peuvent posséder l'usufruit de leurs propriétés naturelles.

La terre est la propriété de tous les humains, nul ne doit en être privé ; si ce n'est lorsque l'homme valide refuse de travailler. La propriété d'un humain est répandue dans tout l'univers. La terre, grâce aux sublimes créations du génie humain, étant, métaphysiquement et conventionnellement, divisible et partageable, tous les biens du Monde pouvant être figurés par un système monétaire ; un pouvoir suprême, universel et éternel pouvant être représenté par des lois et par des hommes, voici ce que la justice ordonne.

La justice commande aux hommes de se créer une valeur monétaire approximative à tous les biens de l'univers. Or quand le gouvernement voudra faire son devoir, force lui sera d'être docile à cette auguste juridiction. En principe, il devra conventionnellement monnayer une valeur équivalente aux portions de matières qui reviendraient à chaque humain par la possibilité du partage de la Terre. Mais en vérité la Terre n'étant pas partageable, il importe donc que cette valeur soit suffisamment élevée pour permettre à un homme de vivre conformément à la raison, à ses besoins et à ses droits. Or selon moi, j'estime qu'il serait sage de fixer cette valeur à cent mille francs.

Voici du reste les raisons qui me font choisir ce chiffre :

Étant donné l'essence, la vitalité et la mortalité de l'espèce humaine ; étant donné que nous subissons les effets étonnants et merveilleux de l'insondable Nature ; étant donné que nos sens nous incitent à la recherche du bien-être ; étant donné les connaissances acquises et l'existence des œuvres conçues par l'esprit humain ; étant donné que quand bien même une puissance inconcevable viendrait à fournir à chacun de nous la possibilité de posséder nos parts de biens naturels sans désagréger le globe terrestre et à nous faire tous adultes, égaux en force musculaire et intellectuelle, en qualités honnêtes et laborieuses ; quand bien même chacun de nous pourrait garder pour lui seul ses parts de biens naturels, il est clair que nous ne pourrions jamais connaître le parfait bonheur. Il n'en resterait pas moins vrai qu'étant ainsi Robinsonnés nous serions tout d'abord condamnés à travailler perpétuellement et à vivre isolément et rustiquement. Certes une humanité dans ces conditions là ne pourrait jamais connaître le bien-être supérieur que procurent les sciences, les arts, les métiers, les inventions et la richesse monétaire de notre époque. Pour qu'elle puisse connaître le bien-être superlatif, force serait à la majeure partie de ses membres d'abandonner les propriétés naturelles pour aller dans des fabriques, des usines, des chantiers, des mines, des laboratoires, etc., etc. y accomplir en collectivité les travaux indispensables à l'existence de toutes ces choses qui procurent le bien-être désiré. En conséquence force lui serait d'avoir recours à une entente sociale analogue à celle que j'expose et que j'essaie de faire accepter. Or pour être équitables, les humains doivent convenir que ceux qui travaillent comme salariés seront considérés comme des propriétaires ayant loué leurs parts de biens naturels à ceux qui ont les facilités voulues pour savoir diriger et faire fructifier de grands biens. Et réciproquement, les grands possesseurs de biens devront être considérés comme des favorisés, ayant loué aux salariés toutes les richesses qu'ils détiennent en plus de leurs parts de l'héritage naturel. En conséquence, ils doivent donner à un gouvernement le pouvoir de percevoir en temps voulu les locations des biens qui appartiennent aux salariés. D'autre part pour assurer la parfaite exécution du Travail, ils doivent convenir que le gouvernement ne remettra aux salariés la valeur de la location de leurs héritages terrestres que lorsqu'ils se seront acquittés de leur part de travail social. Or comme il sera possible à un salarié d'être libéré de sa dette de besogne vers sa trente-sixième année, et qu'il aura par ce fait conquis le droit de vivre oisif et heureux, il importe donc que le rendement de ses parts de biens terrestres lui procure assez d'argent pour être à l'abri de toutes privations.

Voilà pourquoi je présume qu'il serait bien d'estimer à

cent mille francs l'héritage mutuel d'un humain. Son exploitation pouvant facilement produire un revenu annuel de trois mille francs permettrait conséquemment de faire une rente de trois mille francs aux salariés qui auraient mérité d'être rentiers.

Une personne qui a trois mille francs à dépenser chaque année peut, je crois, dans de sages et équitables proportions se procurer la suffisance de toutes les choses qui rendent la vie heureuse et agréable.

Voilà comment les vétérans du salaire pourront posséder l'usufruit de leurs héritages terrestres.

Il n'y a aucun inconvénient à ce qu'un seul homme possède dix, vingt, cinquante et cent fois plus de richesse qu'il en aurait eu si la Terre avait été partagée en autant de parts qu'il y a d'habitants. Rien n'empêche que des gens arrivent avec l'âge, la persévérance, l'activité, l'intelligence et l'économie à posséder durant toute leur existence les portions de biens terrestres des enfants, des jouvenceaux et de la majorité des salariés. N'est-il pas évident et très naturel que ce soient les hommes les mieux doués par le sort, qui doivent s'occuper de l'exploitation des biens naturels des enfants et des personnes malchanceuses ou qui n'ont pas les conditions et les qualités voulues pour savoir posséder, gérer et faire fructifier de grands biens.

De même qu'il n'y a aucun inconvénient à ce qu'un particulier, grand possesseur de biens, soit le souverain maître chez lui, ni à ce qu'il ait la liberté de faire travailler le nombre d'invidus qu'il lui plaît, de renvoyer le personnel qui ne lui convient plus ou qui lèse ses intérêts. Il faut qu'il ait le droit de garder pour lui-même tous ses biens, qu'il ait la faculté d'en disposer comme bon lui semble, tant qu'il ne porte pas préjudice à autrui. Rien ne doit pouvoir l'obliger à donner la moindre partie de son avoir (hormis pour les biens acquis par héritage).

Le gouvernement lui-même ne doit pas avoir le droit de lui prendre la plus petite partie de ses richesses, il ne doit pas le forcer à lui donner des sommes d'argent parce qu'il boit, mange, s'habille, a une voiture, un commerce, un chien, un piano, une bicyclette, une porte pour rentrer chez lui et des fenêtres pour être éclairé et aéré. Bien au contraire, le gouvernement doit faciliter son enrichissement en récompense des services supérieurs qu'il rend à la société.

Pour assurer le nécessaire aux salariés, le gouvernement doit mettre en vigueur une loi fix. nt le minimum de paiement. Ce minimum doit être considéré comme étant une propriété inviolable. Les travaux salariés doivent être considérés comme étant une immense ruche qui appartient à tous. Tout homme qui veut accomplir un travail payé, doit pouvoir le faire en tout temps et en tout lieu. Le gouvernement a pour devoir de veiller et de savoir s'arranger de façon à ce que les travaux payés ne manquent jamais. Le droit au Travail est un droit impérissable, il est souverainement indispensable et précieux. C'est lui qui donne aux plus inintelligents comme aux plus prolétaires le droit imprescriptible de posséder leurs parts de biens terrestres.

Si la Terre avait été partagée en autant de portions qu'il y a d'individus et que toutes ces portions fussent devenues de minuscules planètes évoluant isolément dans l'espace ; si grandes qu'eussent été l'intelligence, l'activité, la santé et la longévité d'un homme, jamais celui-ci n'eût pu acquérir plus de biens qu'en eût eu sa petite sphère ; jamais il n'eût pu s'emparer d'une ou de plusieurs autres sphères individuelles pour se les assimiler. Indubitablement, il n'eût jamais pu laisser à ses héritiers ou à son successeur plus de biens qu'en eût possédé son minuscule globe terrestre. Or ce qui se passerait dans l'hypothèse du partage matériel de la Terre doit et peut se passer dans la vie comme à la mort de l'individu. En vertu de cette raison, nul ne devrait laisser à ses héritiers plus de richesse que ne seraient estimées ses parts de biens terrestres.

A la mort de chaque humain le gouvernement doit faire l'inventaire de tous les biens que le défunt laisse à ses héritiers ; si les biens n'excèdent pas l'équivalente valeur des parts de matières qu'il aurait eues par la possibilité du partage de la Terre entre tous les humains, sa succession doit être entièrement abandonnée aux héritiers. Si, dans le cas contraire, les héritages excèdent l'équivalente valeur des parts terrestres que le défunt aurait eues par le partage de la Terre, tout l'excédent, et cela quel qu'il soit, doit appartenir au gouvernement.

Ainsi, si l'on estime à cent mille francs la valeur des biens naturels d'un humain, tout ce qu'une personne, soit par sa chance ou son intelligence arrive à posséder en plus de la valeur de ses parts de biens terrestres, — fût-ce dix, vingt ou cent millions de francs, — à sa mort doit tomber dans la caisse du gouvernement afin de servir à faire des rentes aux salariés. Toute personne qui possède pour plus de cent mille francs de biens, le surplus de cette valeur ne lui appartient pas, donc il importe de bien se pénétrer de ceci : elle n'a pas le droit d'en disposer soit pour doter ses enfants, soit pour léguer à ses héritiers. En vertu de l'inviolabilité et de l'éternel droit de l'homme, elle appartient à tous les enfants, à tous les salariés et à tous ceux qui ont travaillé le temps voulu pour être dignes d'être rentiers.

Voici comment le gouvernement doit agir vis-à-vis des héritiers.

En ce qui concerne les héritages inférieurs à cent mille francs le gouvernement ne taxera, ni ne réclamera quoi que ce soit aux héritiers. Ces héritages là seront intégrals et intangibles.

Quant aux héritages supérieurs à cent mille francs le gouvernement a le devoir et le pouvoir de prendre, au nom des salariés, des ex-salariés et des enfants, tous les biens et valeurs qui excèdent cent mille francs. Mais pour ne pas jeter des perturbations dans le commerce, l'industrie et l'agriculture, il doit laisser aux héritiers la faculté d'accepter ou de refuser l'excédent des biens et valeurs des défunts ; ceux qui accepteront ce sera à la condition que chaque année ils fassent un versement monétaire de trois pour cent.

Exemple : pour un héritage de cent un mille francs, les héritiers durant trente-trois années devront faire un versement annuel de trente francs ; pour un de cent cinquante mille francs ils verseront mille cinq cents francs ; pour un de deux cent mille francs, ils verseront trois mille francs ; pour un de un million, ils verseront vingt-sept mille francs ; pour un de dix millions, ils verseront deux cent quatre-vingt-dix-sept mille francs, etc., etc.

Les héritiers qui pendant trente-trois années auront ainsi exécuté le paiement de trois pour cent, seront libérés de tout fixe et deviendront dès ce jour les possesseurs absolus et définitifs des biens qui leur ont été dévolus.

Quant aux héritiers qui ne voudront pas s'engager à faire un versement annuel de trois pour cent, le gouvernement vendra l'excédent après avoir préalablement autorisé les héritiers à choisir les biens qu'ils préfèrent s'approprier ; il leur réservera également le choix pour l'achat d'une portion plus ou moins grande de l'excédent des héritages ; il leur en facilitera même le paiement en se contentant d'un minimum de paiement annuel de trois pour cent, autrement dit, il leur accordera la liberté de mettre trente-trois années pour effectuer le paiement total des choses qu'ils se seront attribuées.

Tels sont les moyens simples, justes et faciles, dont le gouvernement doit user pour assurer le triomphe de la propriété pour tous les humains. Par eux jamais les salariés ne seront déshérités, bien au contraire leurs propriétés naturelles étant dissimulées et répandues dans le globe terrestre entier, ils n'auront ni à les ouvrager, ni à les louer, ni même à les faire exploiter, ils en toucheront les revenus sans même savoir où se trouvent exactement leurs propriétés et sans qu'ils puissent en connaître les exploiteurs, ils n'auront ni à s'en préoccuper, ni à s'en tourmenter. Leurs biens naturels étant entre les mains de tous les grands possesseurs de terrains, d'industries et de commerces, le gouvernement, en bon père éternel, y pourvoira, il sera leur intermédiaire, il les représentera et percevra pour eux les revenus de leurs biens indéfinis et incontestables.

Voilà comment tous les hommes pourront connaître les bienfaits de la richesse.

En vérité, les grandes fortunes doivent être considérées comme une tolérance, comme étant une récompense utile pour la stimulation des vertus civiques, de l'ambition et de l'économie ; comme étant la conséquence d'impérieuses nécessités sociales qui sont elles-mêmes subordonnées aux invariables lois de la nature.

Si haut que puisse s'élever la puissance des sciences dans l'avenir, il est certain qu'elle restera éternellement inférieure et asservie à la Toute Puissance mystérieuse et déconcertante qui a présidé à la formation de la Terre et à la venue de l'humanité. En effet, jamais le génie humain ne pourra unifier les intelligences, les passions, les sentiments et les qualités des individus ; jamais il ne pourra dispenser le genre humain de toute nourriture, de tout habillement et de tout travail ; jamais il ne pourra éliminer la totalité des cruelles maladies qui infectent et torturent les corps humains ; jamais il ne pourra empêcher qu'il y ait des enfants, des adultes, des vieillards, des orphelins et des veuves ; jamais il n'arrêtera les naissances, ni ne fera les humains immortels ; jamais il n'arrivera à ce que tous les ménages aient le même nombre d'enfants, etc., etc.

Ne va-t-il pas de soi que si grand que puisse être le savoir des hommes jamais ils ne pourront soumettre à leurs volontés des lois aussi éminemment supérieures, naturelles et positives. Ne sont-elles pas l'essence même de l'espèce humaine ? N'ont-elles pas été et ne sont-elles pas encore les causes de toutes nos souffrances, comme de tous nos bonheurs ? Ne sont-elles pas les causes qui engendrèrent ces terribles et malheureuses bandes de barbares qui parcoururent si longtemps les continents, en bêtes fauves, à travers tous les âges, instiguèrent tant de grands hommes à rechercher des moyens d'entente, d'amélioration et de concorde entre tous les peuples ? Indubitablement, l'humanité en subit et en subira malgré tout les éternels effets : ces invariables lois qui vraisemblablement émanent d'une puissance suprême inconcevable, qui ne semble vouloir ou ne pouvoir manifester ses volontés à l'humanité que par la rigidité et le mutisme des lois de la Nature. Quoi qu'il en soit, je fuis cet impénétrable mystère, et ne veux m'en tenir qu'aux lois naturelles et incontestables qui régissent et qui régiront éternellement le monde. Il importe que nous connaissions et observions bien ces lois ; il ne faut jamais oublier que les lois naturelles nous commandent le travail, l'union et la justice, elles veulent que nous nous aimions, que nous nous aidions et que nous soyons membres les uns des autres ; sinon comme par le passé, elles continueront à châtier l'humanité par des fléaux qui seront toujours proportionnés aux infractions.

Donc, au nom de la raison et du devoir, nous devons encore nous dire : puisque tous les hommes sont égaux en droits et en

propriété naturels, puisqu'il y aura toujours des enfants et des
vieillards, qu'on peut donner, par convention, à un gouvernement, un pouvoir surnaturel et éternel, que l'on peut figurer
conventionnellement le partage de la Terre, que métaphysiquement les enfants et les vieillards qui seraient mis en possession
de leurs parts matérielles du globe seraient incapables de les
exploiter et conséquemment de pourvoir eux-mêmes à leur propre existence, puisqu'il est nécessaire et équitable que le gouvernement tolère que les adultes s'emparent des biens terrestres
qui appartiennent aux enfants et aux vieillards pour les faire
fructifier ; puisque les lois de la nature veulent qu'il y ait des
intelligences, des passions et des qualités différentes parmi nous,
veulent que nous travaillions pour vivre heureux, puisqu'il est
indispensable au bien-être supérieur et général qu'il y ait des
patrons et des salariés, puisque les ouvriers, comme les plus
riches propriétaires, peuvent avoir une nombreuse progéniture,
que le salaire est la propriété exclusive et provisoire des travailleurs, que les patrons les paient pour eux-mêmes et non par
rapport au nombre des enfants qu'ils peuvent avoir ; puisque les
salariés ont le droit de vivre conformément à leurs besoins et à
la raison ; puisque l'on peut donner au gouvernement la possibilité de prendre, aux fortunés, les parts des biens terrestres des
enfants, dès que meurent ceux qui les possèdent.

Considérant que les enfants n'ont rien fait pour démériter
d'être heureux, je ne vois pas pourquoi ces chers petits innocents ne seraient pas tous pourvus du confort si nécessaire à
leur précieuse et frêle existence. J'en conclus qu'il est de toute

justice que tous les pères qui ont plusieurs enfants et qui n'ont pour les élever que leurs salaires soient aidés par le gouvernement et cela de telle façon que les enfants puissent grandir sans privations. Il doit leur donner une partie de l'usufruit de leurs portions de biens terrestres, tant qu'ils n'ont pas atteint l'âge d'accomplir des travaux payés ou que la position sociale de leurs proches parents ne s'est pas considérablement améliorée. Il doit s'ériger le souverain défenseur de l'héritage naturel des enfants ; il n'a pas le droit de les déshériter. Les enfants ne doivent plus souffrir par la faute des hommes.

Les hommes n'ont pas le droit de déshériter aucun membre de la famille humaine (¹) fût-il un salarié d'une infériorité intellectuelle évidente ; ils doivent au contraire lui tendre une main protectrice pour l'élever le plus possible dans l'échelle de la perfectibilité et du bien-être, au lieu de lui prendre ses biens naturels, de le tromper, de l'opprimer et de perpétuer sa souffrance qui est cependant très remédiable. La violence engendre la violence et ainsi s'éternisent les querelles, les haines et les motifs de guerres qui déchirent et déshonorent l'humanité.

---

1. Hormis bien entendu lorsqu'un humain adulte et valide, refuse de travailler.

Patrie.

La patrie est un sentiment qui nous fait combattre contre tout ce qui est contraire à la Justice, à la vérité et au bien-être général de toute l'humanité.

La patrie est un sentiment qui doit nous pousser à défendre ce que l'on aime et toutes ces choses qui assurent la vie et donnent le confortable.

La patrie, ce sont toutes ces bonnes terres qui font pousser les blés, les raisins, les pâturages; en un mot, toutes les cultures qui s'étendent sur la surface du globe terrestre; ce sont tous les animaux qui nourrissent ou qui aident les hommes dans leurs travaux; ce sont toutes ces forêts, toutes ces montagnes, toutes ces carrières de pierres, de marbre, etc., toutes ces mines de charbon, de fer, de cuivre, d'argent, d'or, etc., toutes ces usines, ces fabriques, ces manufactures, ces ateliers, ces moulins, ces routes, etc. Ce sont tous nos semblables qui s'occupent de sciences, d'arts et de métiers, qui cultivent, qui extraient du sol, qui transforment, actionnent, produisent ou font produire tout ce qui procure le bien-être.

Partant de ce que les propriétés naturelles de chaque humain se trouvent répandues dans toutes les parties du monde, et de ce que chaque mortel est tenace, a la volonté de conserver ses biens, il faut indubitablement arriver à en conclure que tous les hommes doivent s'unir pour la défense commune de leurs propriétés. La Terre est la propriété du genre humain ; donc, tous les humains doivent l'aimer et la défendre contre tout ce qui peut la leur enlever, en partie ou en totalité ; la Terre est la patrie de toute l'humanité. Or pour la défense de cette grande patrie qu'est-ce que les hommes ont fait ? Rien ou presque rien. Ces malheureux semblent être aussi ignorants que coupables ; on croirait qu'ils ne savent pas que pendant qu'ils se trompent, se trahissent, se volent et s'entre-tuent les uns les autres, que pendant qu'ils se disputent, se divisent, se haïssent et se font ennemis, qu'un formidable, implacable et inconscient ennemi leur est commun à tous. Cet ennemi, c'est l'eau !... Oui, c'est l'eau violente des orages, dont la force et la surabondance entraînent au fond des mers, les terres et les sucs les plus propres à la production du pain, du vin, etc., etc. C'est l'eau des pluies torrentielles qui font déborder les rivières et les fleuves, débordement qui parfois porte sur son passage la destruction, la désolation, la terreur et la mort.

Faut-il vous rappeler, pour ne parler que d'une contrée de la France, que d'après une statistique des pertes et des malheurs, le département du Var aurait à lui seul subit en une seule année dix-huit millions de dégâts, vingt mille personnes auraient été réduites à la misère, quatre mille seraient restées sans toit et enfin mille deux cent trente auraient trouvé la mort dans les eaux. L'eau qui cause de tels sinistres ne doit-elle pas être considérée comme un terrible et impitoyable ennemi ? Devant de tels désastres, devant tant de misères, de larmes et de morts, qu'a-t-on fait pour en éviter le retour ? A-t-on creusé, endigué, encaissé les cours d'eaux, a-t-on, sur leurs parcours, élevé de puissantes murailles capables de les empêcher de sortir de leur lit ? Non : dans ce sens on n'a rien fait; comme toujours, au lieu de se mettre au travail, on est resté dans l'inaction ; les classes dirigeantes en ont profité pour s'amuser, pour sabler le champagne, pour faire de beaux discours et surtout de grandes quêtes ; on s'est contenté de pousser de gros soupirs de douleur, de regret et de commisération, puis après, tout est rentré dans l'oubli et dans l'indifférence. La politique a continué d'égarer l'esprit public dans son mystérieux labyrinthe. En haut des montagnes, on a continué à construire d'épaisses murailles afin que des hommes puissent être à l'abri des obus que d'autres hommes pourraient faire pleuvoir.

Chaque année, les pluies torrentielles et violentes emportent au fond des océans des quantités considérables de terre. J'estime qu'avec les terres qui sont ainsi perdues pour l'humanité on pourrait faire produire la nourriture nécessaire à quatre ou cinq cent mille personnes.

Hommes ! mes contemporains, vous criez bien fort que vous préférez mourir plutôt que de laisser prendre la moindre partie de vos campagnes, de vos terres, et cependant l'eau vous en prend tous les jours et vous ne faites rien ou presque rien pour l'en empêcher, vous la laissez faire, vous la laissez vous voler sournoisement, vous fermez les yeux, sans doute parce que ce qu'elle prend, elle le prend partout en petite quantité, vous semblez ignorer que toutes ces petites quantités accumulées finissent par faire des quantités considérables, vous ne vous souciez nullement d'une lointaine postérité, vingt générations vous semblent synonymes d'éternité ; le jésuitisme, votre inertie, votre négligence ont fait de vous de monstrueux égoïstes ou des bienheureux.

L'action de l'eau qui sans relâche dérobe nos bonnes terres, reste invisible aux yeux de tous ces hommes qui, à leur insu, se laissent hypnotiser par la presse politique, ils ont hâte de lire les journaux pour savoir qui est député, qui est ministre ; qu'elle est la comédie polémique qui vient d'avoir lieu dans les Chambres ; pour savoir dans quel pays est le grand maître de la politique, ce qu'il a mangé et de quelle couleur est sa cravate. etc., etc. Ces profanes ignorent sans doute que si les hommes continuent à ne pas se préoccuper, à ne pas s'unir pour défendre la terre qui produit leur nourriture, les mers finiront par submerger tous les continents pour ne former qu'un océan universel, que l'incessant travail des eaux, en modifiant constamment la physionomie, l'emplacement et le poids des continents, peut provoquer une brusque oscillation au globe terrestre, laquelle peut à son tour donner naissance aux pires cataclysmes, aux pires explosions dans les profondeurs du sol.

L'eau ennemie.

Quelle que puisse être l'origine de notre planète, que les matières qui la composent fussent oui ou non nébuleuses, gazeuses, vaporeuses avant sa formation ; qu'elle fût l'œuvre d'un créateur inconnu, d'une puissance incompréhensible, étonnante et déconcertante, peu importe ! Pour nous socialiser nous n'avons point à nous préoccuper des troublantes et vacillantes questions génésiaques ; le positivisme ne trouve pas là des points d'appuis suffisants ; et quand bien même nous connaitrions l'origine exacte de toutes les choses qui constituent le monde, nous n'en serions pas moins contraints de l'accepter tel qu'il est ; nous ne pourrions certainement pas nous soustraire aux grandes lois de la nature, nous ne pourrions pas empêcher la Terre de tourner, le soleil de briller, le jour et la nuit de se produire, les nuages de se former, les pluies de tomber avec force et abondance, les matières centrales d'être en fusion, etc., nous n'en serions pas moins condamnés à les subir sans ne jamais pouvoir les annuler ou même les améliorer. Tout ce que nous pouvons faire, c'est de constater, d'examiner, d'étudier, de comprendre et de nous défendre de notre mieux contre leurs effets destructifs ou malfaisants.

Plus on examine, plus on étudie la croûte de notre globe terrestre, plus on constate que l'humanité est menacée par un élément redoutable : cet élément, c'est l'eau, qui, tout en étant en maintes circonstances, précieuse et bienfaisante se fait en d'autres, notre implacable ennemie. C'est l'eau qui par son incessant travail est la cause capitale de toutes les perturbations de l'enveloppe terrestre, c'est elle qui constamment modifie la physionomie géographique de la Terre, et qui, si l'on n'y prend garde finira par anéantir le genre humain.

A l'époque actuelle, notre planète continue à tourner dans l'espace comme pendant les époques qui ont précédé l'existence du genre humain, entourée de ses mêmes éléments d'activité et de vitalité. L'histoire de la nature se continue sous nos yeux. On conçoit parfaitement que la Terre, par l'énormité de son poids sur son noyau, mette en fusion toutes les matières qui occupent son centre; il est compréhensible que plus l'on pénètre profondément en elle, plus la chaleur augmente et cela de telle sorte qu'aux environs de 50 kilomètres au-dessous de sa surface tout doit se trouver en fusion.

Partant de ce principe on doit admettre que tout élément liquide est rigoureusement éliminé des grandes profondeurs du sol. Tous les liquides sont donc forcés de se réfugier à la surface ou tout au moins de se maintenir dans les parties supérieures du globe.

D'autre part nous avons des preuves absolument convaincantes que tous les liquides qui se trouvent exposés à l'action de l'air et des rayons solaires s'évaporent et s'élèvent dans l'atmosphère d'une façon constante et insensible. Presque tout s'évapore, l'homme lui-même, s'il n'absorbait aucune nourriture liquide ou pâteuse, finirait par s'évaporer presque entièrement, car la chair et les os ne sont guère que du liquide condensé. Les mers elles-mêmes, depuis longtemps, seraient entièrement mises à sec si leurs eaux étaient par l'évaporation emportées en dehors de l'atmosphère de notre planète. L'action de l'air et de la chaleur solaire est si grande que si toutes les ablations qu'ils opèrent par évaporation étaient emportées en dehors de la Terre pour ne plus y revenir qu'au bout de quelques années, tout le règne végétal et animal aurait cessé d'exister. Ce serait le triomphe de la sécheresse, de la désolation et de la mort ; d'immenses déserts de sels marqueraient les emplacements qu'occupaient les mers. Heureusement les choses ne se passent pas ainsi ; toutes les évaporations restent dans la couche d'air qui enveloppe la Terre, elles se forment en nuages, se condensent et finissent par tomber en neige ou en pluie.

La Terre et l'atmosphère qui l'entoure contiennent constamment la même quantité de liquide ; l'eau qui tombe sous forme de pluie ou de neige est égale à celle qui s'élève des mers par évaporation, et il n'en peut pas être autrement, puisque les nuages sont précisément formés par les vapeurs enlevées aux mers et à toutes les eaux ou aux corps humides par l'air et la chaleur solaire. L'égalité entre l'évaporation et les pluies est un équilibre naturel et absolument compréhensible. Les pluies sont toujours proportionnées aux évaporations. L'eau que l'évaporation prend aux océans, leur est toujours restituée par les cours d'eau qui leur ramènent l'eau des pluies. Cette évaporation, cette condensation en nuages dans les hauteurs de l'atmosphère et cette chute en pluie constitue en quelque sorte un immense alambic naturel. Lorsqu'il pleut une partie de l'eau tombée retourne immédiatement dans les hauteurs de l'air par évaporation, une autre partie va grossir les cours d'eau, le reste pénètre dans les terrains jusqu'à la rencontre d'une couche imperméable, puis elle glisse sur cette couche et finit le plus souvent par affluer à la surface de la Terre et former une source quelconque qui peut aboutir au fond de la mer comme au sommet des montagnes.

Malheureusement toute l'eau des pluies ne retourne pas toujours à la mer, parce qu'elle ne trouve pas, en pénétrant dans le sol, de couche absolument imperméable qui l'y ramène, elle qui cherche toujours les niveaux les plus bas, elle s'enfonce profondément dans l'intérieur de la Terre, arrive à saturer les rochers, forme les eaux minérales, arrive à détremper des argiles qui font glisser les terrains, descend dans les régions chaudes où elle donne naissance à des vapeurs et à des explosions qui soulèvent ou font affaiser le sol, qui bouleversent et mélangent les matières qui composent la croûte terrestre.

D'après la déduction logique des observations et des études sur les matériaux qui composent le globe, sur les fossiles et autres trouvailles qui ont été faites dans les entrailles de la Terre, nous devons admettre que les causes qui ont présidé à la formation de notre planète ont voulu que les matières les plus dures, les plus denses fussent au centre du globe et que les matières les plus tendres, les moins denses occupassent les parties supérieures. Nous devons admettre que ces diverses matières sont venues se superposer les unes sur les autres en couches uniformes et suivant leur degré de solidité et de densité. Dans ces conditions on conçoit que l'eau fût la dernière couche qui est venue terminer notre planète. En ce temps-là l'eau dut donc couvrir entièrement la surface du globe avec une parfaite égalité, c'était un océan universel. Partant de ce principe, la couche qui a précédé la couche liquide devait être une couche de matières pâteuses, faites de limon, d'argile et d'humus, qui comme toutes les autres couches devait s'étendre uniformément tout autour de notre sphère terrestre. A son origine cette couche pâteuse devait être tout aussi volumineuse que la couche liquide, en quantité quatre ou cinq cents fois plus grande que celle qui existe actuellement.

Comment se fait-il que notre planète ait perdu cette énorme quantité de terre propre à la culture ? Quelles sont les causes de cette très regrettable disparition? Voilà ce que je vais essayer d'expliquer. Si à la formation de notre planète, les éléments qui la composent sont venus se placer les uns sur les autres suivant leur degré de densité et de résistance, si les plus solides ont occupé les parties centrales, et les moins compactes les parties supérieures, si en raison de la quantité d'eau qui occupe la surface du globe, il est permis de croire que les dernières couches devaient avoir chacune de quatre à cinq mille mètres d'épaisseur. D'autre part, si l'on estime qu'entre la couche liquide et la première couche absolument solide et imperméable, il y avait cinq ou six couches de matières perméables, poreuses, permettant à l'eau de descendre lentement à travers leurs corps pour s'arrêter à une profondeur approximative de vingt-cinq mille mètres ; de suite, l'élément liquide, en s'enfonçant profondément dans l'intérieur de la Terre, provoqua des explosions, dont les plus puissantes ébranlèrent et firent des fêlures aux couches inférieures. D'autre part, à la surface du globe, l'océan universel devait avoir de formidables marées, l'air et la chaleur solaire devaient déchaîner de terribles et d'incessantes tempêtes qui faisaient frémir le sol tout entier et facilitaient ainsi la pénétration de l'eau jusqu'aux plus grandes profondeurs, provoquant de nouvelles explosions qui augmentaient sans cesse la profondeur et la largeur des premières fêlures, bouleversant, soulevant, disloquant les couches supérieures, créant parfois des cavités énormes, des dépressions ou d'autres fissures par lesquelles l'eau arrivait plus vite et plus abondante, finissant même, par des séries d'explosions, à se livrer passage à travers les couches solides et imperméables, et par tomber sur les matières en fusion. Naturellement chaque fois que ces deux éléments ennemis se rencontrent, c'est une lutte effroyable ; de ces deux gigantesques et formidables adversaires, il se dégage des gaz et des vapeurs qui suivant leurs forces et leurs qualités soulèvent ou font affaisser une portion plus ou moins grande de l'écorce terrestre. C'est de ces luttes, que nul œil humain ne peut contempler, que naisssent les îles et les continents, mais qui peuvent être aussi la cause de leur disparition.

Les premiers continents qui émergèrent de l'océan universel devaient être recouverts sur presque toute leur étendue d'une très grande épaisseur de terre végétale qui pouvait atteindre plusieurs kilomètres, c'était partout la terre, la bonne terre riche et abondante, seules les cimes des hautes montagnes en étaient à peu près dépourvues. (Les chaînes de montagnes marquant vraisemblablement les endroits où il s'est produit dans les grandes profondeurs du sol les séries d'explosions violentes et successives qui ont élevé dans les airs une certaine quantité des matières qui occupent les plus basses parties de la croûte terrestre).

Dès leur première venue, les continents furent immédiatement soumis à l'action destructive des eaux. Les pluies donnèrent naissance à des lacs, à des dépressions, à des sources, des ruisseaux, des rivières, des torrents et à des grands fleuves qui déformèrent, creusèrent et charrièrent de grandes quantités de terre au fond des mers. Tout le long des rivages l'onde rongeait et engloutissait facilement les falaises. Seules de puissantes végétations retardaient l'œuvre destructive des eaux. Néanmoins, l'océan universel recouvrait progressivement les îles et les continents pour ne laisser émerger de son sein que les cimes dénudées des hautes montagnes, continuant inéxcrablement, de concert avec tous les agents atmosphériques, à concourir à leur complète disparition.

Par contre, pendant que les primitifs continents étaient ainsi anéantis, d'autres fractions d'eaux ne restaient pas inactives ; sans relâche, elles pénétraient profondément dans les entrailles de la Terre donnant naissance à de nouveaux continents.

Sur notre planète, qui a peut être plus de cinquante millions d'années d'existence, combien de fois l'enveloppe terrestre a-telle été désagrégée, bouleversée, disloquée, soulevée, abaissée, crevée par 'des explosions, par les grandes luttes de l'eau et du feu central ? Combien de continents sont sortis des eaux ? Quelle fût la durée de leur existence ? Quel fût le nombre des espèces de plantes, d'animaux qui les peuplèrent ? Voilà ce qui nul ne peut savoir ; furent-ils habiter par des êtres organisés capables de penser et de créer.

Le travail accompli par la nature est immense, grâce à l'incessante activité de son principal élément liquide, partout l'examen du sol nous révèle que l'emplacement des continents actuels ont été préalablement occupés par les mers. Tous les points du globe sans exception ont été une ou plusieurs fois couverts d'eau. La plupart ont été non pas seulement soulevés une fois, mais alternativement soulevés, abaissés et soulevés encore. Depuis l'origine de la Terre, l'eau et les grandes chaleurs des feux terrestres ont constamment modifié sa surface. Il ne nous serait même pas possible de trouver le plus petit endroit qui n'ait été l'objet de plusieurs remaniements pendant la longue durée de l'histoire de la nature.

A l'aurore de notre planète, les formations et les disparitions des continents étaient relativement fréquentes, elles se produisaient dans une période de milliers de siècles beaucoup moins longue que celles qui peuvent se produire dans le présent et dans l'avenir. Plus notre globe vieillit, plus il se solidifie et plus il se solidifiera ; plus rares et plus longues seront les formations et les disparitions des continents, plus lentes seront les modifications de sa physionomie géographique, plus rares enfin se feront les terres végétales. De telle sorte que si les hommes continuent avec la même insouciance à se laisser enlever la terre qui les nourrit pour ne songer qu'à mettre leur savoir, leur activité et leur dévouement au service d'une science machiavélique devenue méprisable, qui les rend ennemis les uns des autres, on peut, sans témérité, annoncer que dans quelques centaines de siècles les humains ne trouveront plus assez de terre pour ensemencer un seul hectolitre de blé. Fatalement toutes les terres qui actuellement produisent la nourriture du genre humain, seront englouties et solidifiées; notre bonne planète, présentement si riche en matières si utiles à notre bien-être, devenue stérile obligera les derniers humains à se nourrir exclusivement de poissons. De nos immenses continents, il ne restera plus que des petites collines rocheuses sans végétation marquant l'emplacement des dernières chaînes de montagnes, et celles-ci ressembleront à de gigantesques et fantastiques squelettes flottants. Encore quelques siècles et notre pauvre planète sera comme à son origine, couverte tout entière par un océan universel. L'humanité aura vécu.

Pour prédir cette fin du monde, point n'est besoin d'avoir recours à la prophétie, ni au surnaturel. Tout autour de nous, par centaines des preuves naturelles et absolument convaincantes abondent; partout l'œuvre de destruction de nos biens naturels se poursuit sous nos yeux. Quiconque veut se donner la peine de voir et de réfléchir peut s'en convaincre aisément. Chacun de nous peut se rendre compte du changement incessant de la surface du globe.

Chaque jour, les pluies, la gelée, la chaleur, le vent, les orages, les tempêtes, les torrents usent, désagrègent, brisent, réduisent tout en poussière, en minuscules fragments qui sont finalement charriés et transportés en compagnie de fines terres végétales dans les mers, par les embouchures des cours d'eaux. Au moment de la crue d'une rivière ou d'un fleuve chacun de nous peut capturer dans un récipient transparent quelques litres de cette eau jaunâtre et bourbeuse qui fuit si hâtivement vers la mer, pour la laisser ensuite sans mouvement pendant une durée de vingt-quatre heures ; après ce laps de temps regardez et constatez que l'eau ainsi recueillie et reposée a déposé au fond du récipient une couche de limon, dites-vous que ce limon qui allait être emporté dans la mer, que cette vase, cette terre détrempée a, grâce à la multiplication des années une valeur supérieure à celle qu'elle aurait si cette même quantité de limon était représentée par un même volume d'or, de rubis et de diamants. On peut également se faire une idée approximative de l'énorme quantité de terre qui chaque année est ainsi transportée au fond des mers par tous les fleuves du monde.

D'autre part, chacun de nous peut s'assurer que les mers rongent constamment leurs rivages et agrandissent ainsi leur domaine aux dépens des continents.

Continuellement le fond des mers s'élève au détriment de la hauteur des terrains continentaux. Les eaux doivent être considérées comme de parfaits agents niveleurs, elles haussent graduellement les bassins des mers aux dépens des bassins des fleuves, autrement dit aux dépens des montagnes, des irrégularités extérieures et de tout ce qui est soumis à l'influence des agents atmosphériques. De telle sorte que, s'il n'y avait pas de matières en fusion dans l'extérieur du globe, il y a longtemps que l'eau recouvrirait tous les continents. De même que si dans les âges futurs aucun bouleversement important ne vient soulever ou abaisser l'écorce terrestre, les continents actuels seront certainement forcés de céder leurs emplacements à un océan immense. Mais en réalité les choses ne se passent pas ainsi : l'énorme pesée de notre planète sur son centre maintient dans son intérieur une chaleur lui assurant l'existence d'un océan de matières en fusion, qui, suivant la pression qu'il reçoit, s'agite dans un sens ou dans un autre, bouleversant, disloquant plus ou moins l'écorce terrestre, faisant périr un nombre d'individus plus ou moins grand, et disparaître dans les entrailles du globe une quantité de terre végétale plus ou moins considérable.

La disparition de la terre végétale, constitue un mal très grave qui est des plus compréhensibles. Les terres qui tombent dans les profondeurs du sol qu'entr'ouvrent les explosions souterraines sont presque toujours perdues pour l'humanité. D'autre part jamais la mer ne rend la terre végétale, seul le sable est parfois rejeté sur ses rivages ou abandonné à l'embouchure des fleuves pour former des terrains alluvions. Elle garde dans son sein les bonnes terres nourricières, les sédimente et les métamorphose, les coraux et autres polypiers sont des auxiliaires qui l'aident puissamment dans son travail de solidification et de stratification.

Ah ! si les terres qui sont entraînées au fond des mers n'étaient pas sédimentées, si les révolutions du sol ne précipitaient pas la terre dans les profondeurs, si l'humanité était certaine que du sein des mers, il surgira toujours assez terre pour pourvoir à sa nourriture, le mal ne serait pas aussi grand, elle n'aurait pas à redouter la fin du monde dont j'ai parlé. Mais il n'en resterait pas moins vrai que le genre humain continuerait à courir le risque de se voir presque entièrement anéanti par une brusque oscillation qui ferait perdre momentanément l'équilibre à notre planète. Il s'en suit que le mal resterait encore assez grand pour que l'humanité songeât à faire tout son possible pour s'en défendre, d'autant plus que nous ne savons pas si la Terre n'est pas à la veille de subir une de ces soudaines oscillations qui occasionnent de grandes révolutions dans les entrailles de la Terre.

S'il est vrai que les vieux continents disparaissent petit à petit pendant que de nouveaux continents se forment lentement dans le vaste domaine des mers, ils n'en est pas moins vrai pour que ces nouveaux continents puissent émerger hautement au-dessus des flots, qu'il est nécessaire que de formidables poussées les soulèvent, sinon ils resteraient éternellement enfouis dans les eaux, Or ces formidables poussées ne peuvent pas être produites que par les grandes luttes de l'élément liquide avec les matières qui sont en fusion dans l'intérieur du globe.

La cause de ces luttes terribles et grandioses est très probablement due aux brusques oscillations de notre sphère terrestre, qui elles-mêmes sont très vraisemblablement dues à la variation du poids des hémisphères. La cause de cette variation de poids est due au travail des eaux.

Une oscillation, quelque peu vive et importante, peut amener des brisures dans l'enveloppe terrestre. L'océan de matières incandescentes qui occupe tout l'intérieur de la Terre peut en s'appuyant (ne fût-ce qu'une seconde) sur une partie de la croûte terrestre, lui faire de larges fêlures et devenir la cause des pires catastrophes.

La perte momentanée de l'équilibre de notre planète est le plus grand et le plus effroyable des fléaux. Il est si épouvantable et si destructif qu'il est même difficile de s'en faire une idée ; c'est en quelque sorte la fin du monde. Bien petit doit être le nombre des êtres organisés qui ont la vie sauve. S'imagine-t-on notre faible humanité se trouvant tout à coup au milieu des éléments affolés, qui ayant soudainement perdu leurs points d'appui se ruent les uns sur les autres avec une force extrêmement formidable et violente. Les océans chargés de leurs montagnes de glace bondissant sur les continents qu'ils franchissent, transforment et ravagent. L'enveloppe terrestre fortement ébranlée, fendillée, brisée par les eaux marines et par les matières incandescentes et pâteuses qui fusionnent à l'intérieur du globe laissant arriver l'eau en grande quantité sur l'immense brasier central. Instantanément certaines parties de l'écorce terrestre sont soulevées, bouleversées, disloquées, tout ce qui la compose se mélange, se bouscule, s'entasse et s'écroule au milieu d'un fracas cent fois plus fort que le bruit du tonnerre ; des vapeurs, des gaz, des fumées, des pluies de cendres obscurcissent complètement le jour, toute la Terre est plongée dans la nuit et dans l'horreur sublime ; seules de sinistres lueurs sillonnent ce lugubre et terrifiant tableau.

Quand, enfin, notre planète a retrouvé l'équilibre et la paix, qu'elle a repris sa route silencieuse dans l'espace infini en se baignant normalement dans la belle lumière du ciel, elle n'est plus reconnaissable, les mers et les continents n'occupent plus les mêmes emplacements, ils n'ont plus la même forme géographique ou les mêmes températures. L'axe du globe a varié. Certaines parties de l'écorce terrestre que jadis étaient couvertes par l'onde sont directement exposées aux rayons solaires, et réciproquement d'autres parties du globe qui autrefois étaient directement soumises à l'action de l'air se trouvent submergées par les mers. Il se peut aussi que certaines parties des anciens continents soient adhérentes aux nouveaux continents, mais il est à présumer que leur aspect doit être tout autre : les déserts sont vraisemblablement des contrées ayant appartenu à des continents disparus. Des anciens continents, il ne reste plus rien que des ruines qui sont elles-mêmes dispersées ou englouties, la presque totalité des êtres a disparu. Notre planète prend les apparences d'une planète neuve, avec cette différence qu'elle a perdu de sa vitalité primitive, les terres végétales sont en bien moins grandes quantités : « beaucoup ayant disparu dans les profondeurs du sol, causeront, dans l'avenir, suivant leur position, leurs qualités et la facilité avec laquelle l'eau arrivera à les détremper, des glissements de montagnes ou des affaissements de terrains ». Tout est changé et tout se change, la faune, la flore produisent des espèces d'animaux et de plantes qui n'avaient jamais existé.

C'est en quelque sorte une nouvelle création de mondes.

Une résurrection transformée, un recul de millions et de millions d'années.

Si paradoxal, si surprenant que puisse paraître ce raisonnement, il n'en reste pas moins vrai que la grande diversité des fossiles que l'on ne cesse de trouver dans les entrailles de la Terre vient souverainement le justifier. D'autre part, l'examen géologique des terrains, le travail visible des eaux, le prouvent surabondamment.

Malheureusement nos présents meneurs de nations, croyant qu'ils ont toujours de justes raisons de cacher la vérité, en francs serviteurs du droit romain, continuent à ne pas vouloir compléter l'enseignement de la géologie, ils veulent que les graves conséquences du travail des eaux ne soient ni révélées, ni démontrées; ils ne veulent pas qu'il soit dit que la Terre se transforme et se solidifie aux dépens des bonnes terres nourricières, ils veulent cacher ce danger au public, aussi ont-ils le soin de donner des ordres pour qu'il n'en soit jamais parlé. Nos fiers conducteurs de peuples préfèrent inculquer dans l'esprit des foules un patriotisme devenu réprouvable. Ils aiment mieux crier bien fort au peuple d'une nation que ce sont les habitants d'une nation voisine, qui se sont emparés par la force armée des territoires que leur ont légués leurs aïeux, ils prêchent la revanche, ils sèment la haine, clament qu'il faut reprendre, par de grandes et sanglantes batailles, les généreuses terres et les beaux pays que leurs ennemis leur ont ravis, etc.

Hélas, ces grands maîtres de la fourberie se gardent bien de dire aux masses : « voyez-vous ces gros nuages noirs qui assombrissent la Terre, entendez-vous les formidables roulements du tonnerre, entendez-vous mugir ces puissantes vagues, entendez-vous cette eau qui tombe avec rage et fracas sur le sol, voyez-vous ces rivières, ces fleuves qui sont chargés de limon, les voilà nos ennemis, nos véritables, implacables et éternels ennemis, ce sont eux qui par une guerre incessante dévastent nos belles campagnes, rongent et engloutissent nos beaux pays, qui capturent, emportent et cachent au fond des mers le plus précieux, le plus utile de nos biens, la Terre !

Partout où il y a de la terre, c'est notre patrie, c'est notre mère, nous devons tous l'aimer et la défendre. La patrie est universelle. Allons, enfants de la Terre, unissons-nous, armons-nous de pelles et de pioches pour combattre l'ennemi commun, opposons à ses incessants assauts de destruction, d'incessants travaux de conservation, au travail des eaux, opposons le travail des hommes.

C'est à cette condition essentielle que nous pourrons conserver et même augmenter les biens que nous ont laissés nos aïeux.

Malheureusement ces tristes personnages du pouvoir et de l'opulence semblent se plaire dans une prudence exagérée, ces parfaits conservateurs du droit Romain envisagent trop volontairement le gros public comme une matière exploitable à merci. Ces habiles détrousseurs de gens laborieux, ces féroces tueurs de créatures humaines, ces félons de la patrie universelle se gardent bien de tenir un tel langage à leurs victimes, ils trouvent plus commode de laisser dans l'oubli l'importante question de savoir s'il y aura toujours assez de terre pour produire la nourriture du genre humain. Ces fiers serviteurs du mal trouvent plus noble, plus généreux de se désintéresser de la longévité de l'espèce humaine. Par l'intermédiaire de leurs ministres, de leurs officiers de l'instruction publique et par le livre, ils laissent supposer que les terres nourricières ne feront jamais défaut.

« Les grandes pluies, disent-ils en substance, désagrègent les sommets des montagnes dont les matériaux sont détachés, entraînés, brisés, charriés, broyés, finalement réduits en sable et transportés dans les mers par les embouchures des fleuves. » A les entendre il n'y a que le sable qui vient hausser le fond des mers, ils évincent la terre agricole et cependant c'est elle qui fournit le plus grand apport. D'autre part, ils disent encore : « La mer gagne partout où il y a des falaises, mais elle recule à l'embouchure des fleuves ». Devant la vérité de ces deux principes, ils prétendent que l'avancement et le recul de la mer se contrebalancent. Certes cela est possible pour une longue série de millions d'années, l'étendue d'un continent sera à peu près la même tant qu'il possèdera des pays montagneux ; évidemment ce contrebalancement peut durer très longtemps, mais en réalité nos continents perdent quotidiennement de leur volume, la plus grande partie de cette diminution s'effectue principalement au détriment de leur hauteur.

D'autre part l'avancement de la mer dans le continent fait presque toujours écrouler de hautes falaises supérieurement pourvues d'une bonne et épaisse couche de terre végétale, tandis que l'avancement de la terre dans la mer ne se fait que par la formation des terrains alluvions qui sont en général, en quelque sorte, des territoires nuls, bas, sablonneux, marécageux, généralement réfractaires à toute culture.

Les alluvions ne représentent vraisemblablement que la cinquantième partie des terres qui vont lentement, très lentement se déposer au fond des mers. Les alluvions sont en grande partie formées des matériaux les plus lourds que les cours d'eaux déposent graduellement à leur embouchure, tandis qu'ils continuent à pousser plus avant les plus légers qui vont se perdre dans l'immensité des mers. Les eaux nous enlèvent de grandes quantités de terres pour nous laisser de petites quantités de sable et de cailloux. Les alluvions retardent la fin du monde, mais ne peuvent empêcher sa venue. Le travail des eaux anéantit les montagnes, les alluvions ne forment jamais de hautes chaînes de montagnes, donc il n'y a pas compensation.

Chaque année de grandes quantités de terres végétales sont perdues pour l'humanité, il est même fort heureux que les hommes cultivent de grandes étendues de pays et ramènent dans les champs et sur les hauteurs une certaine quantité de terre que les eaux voulaient emporter. Sans les forêts, les bois, les plantations, les friches, les racines, les poussières, les déchets de la végétation, les corps morts des êtres organisés, et tous les engrais de fertilisation qui protègent et augmentent l'humus, il y a longtemps que toutes les hauteurs et tous les terrains en pente seraient dépourvus de toute leur terre végétale ; seuls les bas fonds en seraient plus ou moins garnis ou remplis. Certes, si les terribles conséquences de la perte momentanée de l'équilibre de notre planète n'étaient pas à redouter ce serait là une consolation très appréciable, le genre humain ne serait pas près de voir les terres nourricières lui manquer. Ceux qui d'entre nous se moquent de la postérité seraient certains que les terres ne leur feraient jamais défaut. Malheureusement nul ne peut savoir à quelle époque remonte la dernière rupture de l'équilibre de la Terre, ni à quelle époque se produira la prochaine. Or qui sait si le volume et le poids des terres disparues, et qui chaque jour continuent à disparaître dans le vaste domaine des mers, ne sont pas à la veille de provoquer une nouvelle perte de l'équilibre du globe ? Qui sait si depuis les milliers et les milliers d'années les volcans, par leurs éruptions de matières incandescentes, n'ont pas évidé, creusé intérieurement certaines parties des entrailles de la Terre au point de pouvoir provoquer prochainement l'effondrement de tout un continent ? Qui sait si la pénétration des eaux dans les profondeurs du sol n'est pas en train de détremper une immense nappe de terre grasse qui plus tard, dans un temps indéterminable, fera glisser une grande étendue de pays ; glissement qui à son tour causera un brusque déplacement de l'axe de la Terre, qui engendrera les pires cataclysmes ?

Si telle est la crainte que l'humanité présente et à venir doit redouter ; si cette crainte se trouve suffisamment justifiée par maintes traces, preuves et faits que nous révèlent les fouilles, les examens et les études de la croûte terrestre ; s'il est vrai que l'humanité a le droit et le devoir de se défendre contre tout ce qui la menace ; s'il est vrai que l'union fait la force et qu'il existe des sciences exactes et bienfaisantes, je ne vois pas ce qu'attendent les hommes pour s'unir et se défendre contre l'ennemi commun : l'eau. En vérité, je ne vois pas pourquoi tous les humains ne seraient pas liés par la solidarité et par l'unification et ne seraient pas représentés et dirigés par un seul gouvernement, lequel au nom de la sécurité, de la longévité et du bien-être de la race humaine aurait le pouvoir et le devoir d'organiser la défense du patrimoine de l'humanité.

Les biens naturels de tous et de chacun se trouvant répartis dans toutes les contrées du globe terrestre, au nom de la patrie universelle tous les hommes doivent donc s'unir et s'aimer pour se défendre efficacement contre tout ce qui peut leur ravir ce qu'ils aiment, possèdent et vénèrent.

Que tous les humains se tendent la main et aient pour devise : travail et fraternité !

Vous les optimistes railleurs, vous les fiers égoïstes qui trahissez, spoliez, tuez vos semblables avec tant de crânerie et de monstruosité, souvenez-vous qu'à tout instant les continents peuvent se trouver submergés par l'onde liquide.

Hommes ! si vous êtes soucieux de votre propre existence, si des êtres vous sont chers et précieux, cessez d'imiter vos aïeux en invoquant leurs raisons sociales ; souvenez-vous que les sciences vous ont dépossédés de ce droit ; cessez de vous voler, de vous entr'égorger pendant que les eaux pluviales entraînent les terres de vos belles campagnes et que la furie des vagues mugissantes démantèle les falaises.

Ah ! comme j'aimerais mieux savoir tous ces cerveaux qui, à l'heure où j'écris, s'épuisent à chercher de nouveaux engins de guerre plus meurtriers les uns que les autres, s'épuiser à chercher les moyens par lesquels les hommes pourraient conjurer les révolutions du sol ; comme j'aimerais mieux savoir tous ces hommes avides d'honneur et de gloire, qui se vantent de l'abnégation de leur propre existence, entreprendre courageusement des descentes dans les entrailles de la Terre, afin d'y surprendre les secrets de la nature et de savoir ce que l'on peut faire pour la sécurité et la longévité de la race humaine.

Quel honneur et quelle gloire immortelle ne serait-ce pas pour les braves qui par leur courage, leur dévouement, leur savoir, leur persévérance dans le perfectionnement de leurs instruments auraient acquis des connaissances de nature à pouvoir éviter les bouleversements terrestres ! Ces hommes de bien et de sacrifice auraient certes droit au respect, à l'admiration et à la reconnaissance des humains présents et futurs. Ils seraient dignes des plus hautes récompenses ; leur statue mériterait d'être érigée au milieu de nos plus belles places publiques.

Il se peut que vouloir conjurer les révolutions du sol soit une éternelle chimère. Cependant il importe que les hommes fassent leur possible pour arriver à ce résultat et si après l'avoir fait, ils n'ont pu vaincre, si leurs sciences et leurs efforts demeurent impuissants et inutiles, ils auront du moins la fière satisfaction de se dire : nous avons fait notre devoir !

Jusqu'ici l'ont-ils fait ? Non certes ! Donc ils ne peuvent avoir ce sublime orgueil.

Ce n'est pas tout, car en admettant que les hommes puissent arriver à conjurer les mouvements violents du sol, ce serait là évidemment un résultat consolant, magnifique, énorme, mais insuffisant. Il resterait toujours les effets désastreux du travail incessant des eaux. Or quand les hommes voudront se décider à défendre la terre qui les nourrit, non seulement, il faudra qu'ils sachent si oui ou non ils peuvent éviter les convulsions du sol, mais encore qu'ils s'arrangent de façon à ce que les eaux torrentielles entraînent le moins possible de terre dans les mers ; il faudra qu'ils canalisent les cours d'eaux afin que leurs débordements ne fassent jamais périr des populations entières et ne dévastent pas les campagnes. Il faudra qu'ils sachent créer des sous-marins et autres matériels capables d'aller au fond des mers pour prendre et ramener sur les continents le plus possible de ces bonnes terres nourricières. Il faudra que par de grands et nombreux travaux de maçonnerie, ils arrivent à empêcher les flots rongeurs de faire écrouler les falaises, et qu'ils agrandissent le domaine agricole aux dépens du domaine des mers. Il faudra qu'ils parviennent à capturer la plus grande partie des eaux pluviales et qu'ils arrivent à assurer la végétation agricole de telle façon que les effets calamiteux des temps de sécheresse ne soient plus à craindre.

Nécessairement, pour assurer l'exécution de tous ces grands travaux de défense et de préservation, ils devront créer une loi d'égalité et de devoir, une loi qui oblige tous les jeunes hommes valides à contribuer durant deux années à la défense du sol, autrement dit de la patrie universelle.

Une telle loi aurait pour effet de faire naître une armée permanente de quarante à cinquante millions de vigoureux travailleurs qui armés de pelles et de pioches pourraient lutter avec succès contre les eaux malfaisantes.

Cinquante millions de jeunes et actifs travailleurs disciplinés, outillés, organisés, divisés et subdivisés suivant les territoires et les besoins, ayant pour chefs des ingénieurs, des architectes hiérarchisés ; cent millions de bras continuellement occupés à la défense des continents feraient de la bonne et utile besogne. Ces véritables défenseurs du sol, finiraient, après un certain nombre d'années, par triompher du mal que nous causent les eaux violentes.

Ces cinquante millions de soldats doux et pacifiques seraient chargés d'accomplir les travaux dont j'ai parlé ci-dessus. Ce sont eux qui feraient des travaux de terrassements et d'endiguement afin d'empêcher les cours d'eaux de sortir de leur lit ou de s'étendre plus qu'il ne convient, qui feraient des travaux pour captiver les eaux chargées de limon, qui construiraient un peu partout et de préférence dans les hautes contrées, d'immenses bassins capables de tenir prisonnières de grandes quantités d'eaux pluviales.

Ces prises d'eaux devront se faire, autant que possible, entre les collines ou montagnes rocheuses aux flancs dénudés et improductifs, qui par leurs dispositions naturelles représenteront un immense récipient après que la partie laissée ouverte par la nature aura été fermée par d'épaisses, hautes et solides murailles.

Ces cent millions de bras construiraient une grande quantité de canaux d'irrigation qui se ramifieraient à l'infini dans toutes les campagnes du monde.

Ces canaux reliés aux prises d'eaux serviraient à répandre l'eau bienfaisante partout où il serait nécessaire qu'elle arrivât pour assurer la bonne venue des récoltes. Ces canaux pourraient également servir à la libération des eaux pluviales qui après avoir été prisonnières auraient déposé le bon limon qu'elles voulaient nous voler pour le donner aux mers qui l'auraient solidifié. Le précieux limon ainsi recueilli serait transporté sur les points des territoires dont les besoins de terre végétale se feraient le plus vivement sentir.

Conserver l'étendue intégrale des îles et des continents c'est déjà beaucoup, c'est même très bien, mais ce n'est pas encore assez pour l'avenir ; car le sublime patriotisme exige que nous fassions tout notre possible pour augmenter le patrimoine de l'humanité, il veut que nous nous fassions un devoir de livrer des batailles incessantes aux attaques incessantes des eaux, il veut, qu'au moyen d'une grande armée de jeunes et vigoureux travailleurs, nous luttions continuellement contre les forces aveugles de la Nature ; qu'aux puissants assauts des océans nous opposions de puissants ouvrages de maçonnerie ; qu'aux incessantes invasions des eaux marines, nous opposions de grands travaux d'endiguement et d'assèchement capables de faire reculer la mer. Il exige que par de prodigieux et constants labeurs nous arrêtions les flots et ne cessions de faire rétrécir le vaste empire des mers au profit du domaine de l'agriculture.

Imitons donc partout, là où nous le pourrons, le peuple hollandais, marchons à la conquête des territoires à demi-noyés par les mers. Imitons ce brave petit peuple qui a bien le droit d'être fier dés victoires acquises et prouve suffisamment que lorsque l'humanité sera unifiée, elle pourra, elle aussi, conquérir de vastes territoires.

La voilà la conquête à laquelle les hommes patriotes doivent rêver. Dompter les éléments, asservir la matière, empiéter sur l'espace des mers pour agrandir celui des terres, c'est une guerre autrement glorieuse que celles que se livrent les hommes entre eux.

Envoyer des jeunes hommes armés de pelles et de pioches à une telle guerre est une action autrement honorable, utile et bienfaisante que celle où des hommes, armés de fusils et de sabres, sont envoyés les uns contre les autres pour s'exterminer et qui, en temps de paix et d'apprentissage, trouvent si inutilement la mort en affrontant les régions redoutables des neiges éternelles.

Faire la guerre par le travail, dompter, annuler la puissance destructive des eaux par une épopée de grands ouvrages, tel doit être le devoir sacré des hommes. Pour faire comprendre et aimer cette mère-patrie, point n'est besoin d'avoir recours à des arguments capiteux et menteurs. Pour servir cette grande patrie qui a pour frontières l'immensité de l'atmosphère qui nous sépare des autres planètes, nul ne songerait à lui refuser ses forces par la désertion. Nul ne tomberait d'épuisement sur les routes, nul ne connaîtrait les souffrances morales et physiques qu'endurent les jeunes hommes qui sont au service des mère-patrie marâtres de notre triste époque. Nul n'aurait à redouter qu'un obus lui arrachât un membre ou le tuât. Jamais une mère n'aurait à redouter qu'une lettre officielle et laconique lui apprît la mort homicide de son enfant bien-aimé. Pour servir dignement cette éternelle patrie de l'humanité, point ne serait nécessaire d'être éclaboussé du sang de ses frères, un peu de fine sueur au front en accomplissant de bonnes et utiles besognes; point de fatigues ni de danger exagéré, une douce et facile discipline à subir et ce serait tout. Telle serait la douceur et l'honnêteté du service que chacun de nous devrait à la défense de la mère nourricière du genre humain. C'est par le culte de ce patriotisme élevé que chacun de nous aurait la possibilité de défendre ses propres parts de biens naturels et de pouvoir ainsi les transmettre intacts à ses descendants.

Le voilà le sublime Devoir !

Le voilà le sain, le noble, le vrai Patriotisme !

Agriculture.

La pratique du patriotisme que je préconise aurait pour l'agriculture les conséquences les plus heureuses.

Considérant que notre planète appartient à toutes les créatures humaines, que tous les humains sont égaux en droit et en propriété naturelle, que le gouvernement doit représenter l'humanité socialisée et assurer le droit de propriété de chacun, considérant que la misère et la politique avilissantes et meurtrières doivent être éliminées de la grande famille humaine ; considérant que la population de la Terre sera toujours susceptible d'augmenter ; considérant que si tous les terrains qui sont à la surface de notre globe terrestre étaient cultivés, ils pourraient nourrir six ou huit fois plus d'humains qu'il y en a présentement sur Terre ; considérant que tant que cette planète pourra nourrir ses habitants nul n'a le droit de s'opposer à la multiplication du genre humain, j'en conclus que le gouvernement a pour devoir de rendre propres à la culture les plus grandes étendues de territoires possibles. Dans ce but, il devra utiliser une partie des cinquante millions de travailleurs qui seront continuellement à sa disposition.

D'autre part, considérant que le gouvernement doit être le défenseur des biens naturels de tous, considérant qu'il y aura toujours des enfants et des vieillards; considérant qu'au nom du bien-être commun, il sera toujours nécessaire qu'il y ait des salariés pour travailler dans les manufactures, les fabriques, les mines, les chantiers, etc., etc. ; considérant que les enfants, les vieillards et les travailleurs salariés ne peuvent faire fructifier ou exploiter eux-mêmes leurs parts de biens naturels, j'en conclus que le gouvernement doit faciliter et autoriser la possession des biens naturels des enfants, des salariés et des vieillards. Qu'il n'y a aucun inconvénient à ce que des hommes actifs, intelligents et entreprenants arrivent à posséder de nombreuses parts des biens naturels d'autrui. En conséquence, au fur et à mesure que le gouvernement rendra des terrains propres à la culture et qu'il leur aura assuré l'abondance constante des eaux, il devra les vendre à quiconque sera apte à les exploiter et cela chaque fois que les besoins se feront sentir, autrement dit que la population de la Terre augmentera.

Au nom de la liberté et de l'égalité, tout homme ayant au moins ving-cinq ans d'âge, reconnu de qualités individuelles et professionnelles suffisamment bonnes, doit pouvoir, sans bourse déliée, se faire adjuger les biens exploitables qu'il convoite, mis en vente par le gouvernement, lequel agira envers les acquéreurs comme envers les héritiers qui acceptent un héritage supérieur à leur part ; il n'exigera des acquéreurs qu'un paiement annuel de trois pour cent de la valeur des biens concédés et attendra patiemment trente-trois années pour être entièrement payé. Naturellement les preneurs pourront payer de suite, s'ils le veulent, la valeur intégrale des biens dont ils voudront se rendre possesseurs ; de même qu'ils auront la faculté de faire un versement annuel de six, de neuf, de douze, de quinze pour cent de la valeur des biens qui leur ont été adjugés ; et conséquemment, plus vite ils seront libérés de leurs dettes, plus vite ils deviendront des propriétaires définitifs et absolus. Il faut que le tout dépende de la manifestation de leur volonté ou des facilités financières dont ils disposeront. Il va sans dire qu'aux adjudicataires qui n'exécuteront pas les paiements aux époques convenues, le gouvernement reprendra les biens pour les remettre en vente. Mais pour plus de facilité, seul le gouvernement aura le droit de prêt et d'hypothèque.

D'autre part, il ne faut pas oublier que le gouvernement aurait constamment, dans tous les pays du monde, des ventes de toutes sortes de biens. Quotidiennement, il mourrait quantité de gens ayant des fortunes supérieures à cent mille francs dont les héritiers ne voudraient ou ne pourraient s'assimiler l'excédent, soit qu'ils fussent incapables de continuer une exploitation, faute de connaissances professionnelles, soit qu'ils fussent infirmes ou trop vieux ou que, se trouvant suffisamment fortunés, ils entendissent ne pas troubler leur quiétude en faisant valoir de nouveaux biens, ou que des héritiers trop jeunes pour exploiter des biens, ne pussent profiter de la faveur que le gouvernement accorderait aux adultes.

De tout ceci, il s'en suit que tout homme de savoir, d'action, de qualité et de volonté pourrait courir la chance de se voir adjuger des richesses commerciales, industrielles ou agricoles qui le placeraient sur le chemin de la fortune. Par conséquent, un jeune adulte, fils de salarié ou de richard, s'il est bien doué par la nature, aura quasiment les mêmes facilités pour s'enrichir à millions.

Dans ces conditions, il est notoire que le travail et les entreprises se trouveraient stimulés ; l'agriculture ne manquerait jamais de bras ; les cultivateurs pourraient s'enrichir beaucoup plus facilement qu'aujourd'hui, car non seulement ils n'auraient aucun impôt à payer, non seulement les notaires, les banquiers, les administrateurs de sociétés et autres fiers serviteurs des révoltantes et appauvrissantes combinaisons gouvernementales auraient cessé d'exister, non seulement ils n'auraient aucune perte d'argent à craindre par placement, aucune sorte d'assurance à payer, aucun médecin, aucun pharmacien en cas de maladie, mais encore ils ne subiraient plus aucune perte en temps de sécheresse ; grâce aux prises d'eau de réserves et aux canaux d'irrigations les terrains cultivés ne manqueraient jamais d'eau ; les récoltes seraient presque toujours bonnes et abondantes ; les bestiaux seraient tous bien nourris et bien portants, et notablement moins décimés par les épidémies ; jamais ces possesseurs de bétail ne verseraient de larmes parce qu'ils ne pourraient nourrir leurs animaux faute d'un pâturage qui aurait été grillé par le soleil, parce que les bouchers leur offriraient des prix dérisoires, parce qu'ils se donneraient beaucoup de peine, qu'ils vieilliraient et qu'ils ne gagneraient rien. Un travail intelligent, une sage conduite, auraient vite fait de les placer sur le chemin de la fortune, auraient vite fait de leur permettre d'employer nombre d'outillages, de machines agricoles et de pouvoir se procurer les engrais, les semences, et les bras voulus pour mener à bien la production de leurs terres. L'enrichissement serait presque toujours la juste récompense de leurs louables efforts. Partout on verrait des fermes modèles confortablement pourvues de tout ce qui est nécessaire à une exploitation agricole. Il y aurait là un grand encouragement pour les braves travailleurs de la terre et de précieux résultats pour le bien-être social. Les denrées alimentaires seraient presque toutes de bonne qualité, la nourriture bonne, saine et abondante. Les maladies se feraient plus rares et moins cruelles, le sang humain plus riche ferait les hommes plus forts et plus gais.

Au nom de l'économie du travail, de la stabilité et du bonheur individuel et social, nous devons donner au gouvernement le pouvoir de ne pas tolérer qu'il soit cultivé plus de terres qu'il ne convient à la juste production des substances alimentaires reconnues nécessaires au nombre des humains qui peuplent notre planète. C'est, en effet, un devoir social et patriotique très compréhensible et d'accomplissement facile. Attendu que nous pouvons nous dire : puisqu'il est possible de connaître la quantité de terre qu'il faut travailler pour lui faire produire la nourriture d'un humain, puisqu'on peut savoir de combien d'individus se compose le genre humain, quelle est l'étendue des terrains cultivés, de ceux qui sont cultivables et de ceux qui pourront être rendus propres à la culture, puisque, par la pratique de mes principes sociaux il y aurait beaucoup plus de terrains cultivés ou cultivables qu'il n'en faudrait pour produire la nourriture de toute l'humanité. Etant donné que cet état de choses amènerait forcément de grands désordres dans la valeur des produits agricoles, que non seulement les prix des denrées seraient de plus en plus avilis, mais qu'il se produirait encore ceci d'aggravant : c'est qu'il y aurait nombre d'aliments qui ne seraient même pas vendus ou consommés, qui se trouveraient gaspillés et absolument perdus pour le bien-être social. Il s'en suivrait que l'agriculture occuperait plus de bras qu'il ne serait nécessaire et obligerait inutilement les salariés à travailler un plus grand nombre d'années avant d'obtenir la rente de la location de leurs parts de bien terrestres. Or si nous voulons être sages, ordonnés et économes, si nous voulons éviter des perturbations dans le travail, le commerce, l'agriculture et l'ordre social, si nous voulons agir sincèrement dans le sens le plus favorable à notre bonheur commun, si nous voulons travailler le moins longtemps possible, nous devons donner au gouvernement l'autorisation de tenir en réserve une certaine quantité de terrains incultes justement proportionnés à la population de la Terre et à l'étendue des terrains cultivés. Nous devons décider que les terrains qui seront ainsi tenus en réserve ne devront être livrés à l'exploitation qu'au fur et à mesure qu'augmenteront les membres de la grande famille humaine.

Si toutefois la population de la Terre devenait assez grande pour qu'elle pusse faire craindre le manque de nourriture, ce ne sera que lorsque cette crainte sera pleinement justifiée que les hommes auront le droit d'empêcher l'augmentation du nombre des humains. Mais pour cela point ne sera nécessaire d'avoir recours aux ténébreuses et criminelles menées de la politique, aux sombres misères, aux mauvaises mœurs et aux guerres homicides. Ils n'auront qu'à mettre en vigueur des lois qui réglementeront la destruction d'un nombre plus ou moins grand de fœtus humains.

Voilà le principe le plus humanitaire, il émane de la sagèsse et de la bonté même. Mieux vaut tuer de minuscules créatures humaines inachevées, que de tuer des adultes, en pleine possession de leurs facultés vitales et intellectuelles. Tant que le domaine de l'agriculture n'aura pas atteint son maximum d'agrandissement, tant que les mers fourniront assez de poissons, les suprêmes gouvernants n'auront pas le droit de causer la mort de millions et de millions d'humains.

Commerce et Industrie.

Les commerçants et les industriels doivent être considérés comme étant les directeurs du labeur, de la production et de la fabrication, comme étant les pourvoyeurs, les commandeurs de toutes ces choses qui sont nécessaires au bien-être des individus et des agglomérations, comme étant le baromètre de nos besoins, comme étant les intermédiaires entre la production et la consommation.

Au nom de l'ordre, de l'économie et de la commodité nous devons vouloir que les commerçants soient placés à la portée du public consommateur, nous devons désirer qu'ils soient confortablement installés dans des constructions solides et durables, qu'ils soient bien achalandés, bien assortis en marchandises qui conviennent à leur profession. On doit désirer que tous les commerçants aient les mêmes facilités pour lutter équitablement entre eux, pour pouvoir bien traiter leurs employés et leur procurer toutes les commodités, toutes les machines susceptibles de leur permettre d'exécuter de bonnes et rapides besognes.

Au nom du droit, de la justice et de la raison nous devons autoriser le gouvernement à décréter ce qui suit : nulle société commerciale, industrielle, minière, agricole ou financière ne doit être tolérée ; à moins, cependant, qu'elle ne soit exceptionnellement reconnue de haute utilité publique et qu'elle ne porte aucun préjudice sérieux au commerce, à l'industrie et aux choses déjà établies. En tout cas, l'association industrielle, commerciale et agricole ne pourra être autorisée qu'à la condition essentielle que les associés participeront eux-mêmes aux travaux d'exploitation, de direction, de gestion, de comptabilité, etc.

Seul le gouvernement doit avoir des banques ; nul ne doit pouvoir placer son argent ailleurs que dans les banques du gouvernement. Nul ne doit pouvoir prêter son argent à autrui pour qu'il le fasse fructifier. Nulle commandite ne doit pouvoir exister ; nul ne doit pouvoir faire de prêts et d'usures ; nul crédit ne doit être garanti par le gouvernement.

De cette façon il n'y aurait plus de ces hommes fainéants qui s'enrichissent aux dépens des braves et simples travailleurs qu'ils volent ; il n'y aurait plus de ces grands spéculateurs, habiles à manier les chiffres imposteurs, de ces infâmes canailles, de ces féroces bandits dignes des cages du bagne, de ces sinistres fripons qui, à force de mensonges, de platitudes, d'adresses et de ruses, réussissent à s'emparer impunément des petites bourses.

Qui sait combien est grand le nombre de ces funestes personnages qui sont ainsi montés de parjures en parjures jusqu'aux plus hauts degrés de l'opulence, et souvent même jusqu'aux plus hauts emplois dans le pouvoir gouvernemental ?

Quand les suprêmes gouvernants auront enfin reconnu qu'ils n'ont plus le droit d'appauvrissement et qu'ils seront fermement résolus à faire tous leurs devoirs, ils devront cesser d'utiliser et de protéger ces misérables ; ne plus laisser fausser l'instruction ni l'éducation ; laisser commettre autour d'eux mille turpitudes, mille exactions, qui abondent dans les bourses, les banques et autres lieux où l'on fait le négoce, le trafic avec les titres, les coupons, les actions, etc., etc. Ayant loyalement reconnu qu'ils n'ont plus besoin de la haute et de la basse *pègre*, devenus les sincères ennemis de la légion des chevaliers du vice et du vol, devenus les francs défenseurs des propriétés naturelles des salariés, ils déclareront hautement qu'à l'avenir, le gouvernement sera l'unique banquier du monde entier ; le seul exploiteur universel des chemins de fer, des canaux, des transatlantiques, des mines, des éclairages, des eaux, en un mot de la majeure partie des grandes entreprises qui sont actuellement exploitées par des compagnies, des sociétés plus ou moins honnêtes, fourbes et anonymes. Au nom de la raison et de la justice, ils reconnaîtront qu'ils ont le droit d'exiger que tous les humains soient pourvus d'un livret individuel (dit de propriété) sur lequel devra être inscrit l'avoir des biens fonciers et financiers que chacun est susceptible de posséder ; il va s'en dire que l'identité et la photographie y seront rigoureusement consignés, et que ce livret fait en double aura son semblable de déposé dans une des banques du gouvernement.

Les gouvernants ainsi armés contre les gens malfaisants pourraient dire aux particuliers dont l'enrichissement leur paraîtrait suspect : D'où vient monsieur X..., qu'en dix-neuf cent deux vous possédiez une richesse globale de quarante mille francs et qu'aujourd'hui en mil neuf cent cinq vous êtes possesseur d'une fortune qui excède deux millions ? Veuillez nous expliquer les moyens par lesquels vous êtes parvenu à posséder une telle valeur ? Naturellement si, après un sérieux examen, il est re-connu que cet homme a acquis sa fortune d'une façon droite et honorable, il sera traité avec respect et considération ; si au contraire elle a été acquise d'une façon illicite et infamante, il sera privé de sa liberté, méprisé et châtié comme il le mérite. (Plus loin on saura comment la police pourra prévenir la majeure partie des méfaits des malfaiteurs de toutes catégories).

Il est clair que si le gouvernement était le seul à posséder la fortune monétaire du public, soit environ quatre-vingt-dix-huit mille francs par humain, il aurait un trésor approximatif de cent quarante trillions. Cette richesse colossale pourrait pendant de nombreux siècles augmenter avec la même progression que l'augmentation du nombre des habitants de la Terre. Le gou-vernement aurait là une richesse constamment alimentée et cons-tamment inépuisable. On ne verrait plus de ces farouches catas-trophes financières, qui de nos jours, font tant verser de larmes de rage et de désespoir, qui poussent tant de pauvres gens au suicide. On ne verrait plus de ces notaires, de ces banquiers qui prennent la fuite en emportant l'argent des nobles travailleurs. On ne verrait plus de ces panamistes, de ces Humbert, de ces renégats, de ces banqueroutiers, de ces vils escrocs de toutes espèces, de toutes entreprises, de tous grades qui n'ont ni foi, ni principe, ni sentiment, qui n'aiment que l'or ou ne connaissent que le droit romain et rien de plus. Tous ces fauteurs ne pourraient plus s'enrichir par mille moyens malhonnêtes aux dépens des autres, toute cette canaille, tous ces fainéants, toute cette fripouille de coquins qui insultent l'honneur, la probité, la loyauté et le travail ne pourraient plus tromper les gens en leur empruntant leur argent, en leur disant qu'ils vont entreprendre une exploitation quelconque qui assurera de gros bénéfices. Ces escamoteurs, ces aigrefins, ces hommes du vol et du malheur ne pourraient plus emporter les économies des francs travailleurs, de ces bons et confiants paysans qui sont toujours les victimes les plus nombreuses et les plus intéressantes. Ces lâches parasites ne pourraient plus se sauver, ni se cacher à l'étranger, ils ne pourraient plus dire : nous avons fait faillite, il nous est absolument impossible de vous rendre votre argent, nos prévisions ont été trahies, une concurrence a surgi, qui a tout perdu, etc. D'autre part, la complaisance et la complicité gouvernementales auraient vécu.

Les hauts gouvernants eux-mêmes ne pourraient commettre aucune concussion sérieuse et ne sauraient en tous les cas troubler l'ordre social ; leurs enfants devenus adultes ne pourraient jamais faire des oisifs ; tout comme les enfants des salariés, ils seraient obligés de rendre des services utiles à la société.

Leur venue au pouvoir gouvernemental ferait connaître au public la grandeur de leur fortune. Des contrôles, par des groupes d'hommes austères et de toute condition, pourraient être facilement exercés grâce à des conventions préalablement établies.

Les banques en appartenant toutes au gouvernement ne manqueraient pas d'avoir des effets salutaires. — Cela dit, je continue l'exposé des grands principes commerciaux qu'ordonnent la santé, la moralité, la probité, l'égalité, le droit au bien-être et l'économie du travail.

Nul ne doit être autorisé à faire le marchand ambulant, à vendre sur la voie publique ; les boutiquiers eux-mêmes ne doivent pas avoir le droit d'étaler leurs marchandises devant l'extérieur de leur boutique, toutes les expositions ainsi que toutes les ventes doivent se faire dans l'intérieur. Nul vendeur ne doit être autorisé à tromper impunément l'acheteur sur l'origine de l'objet mis en vente. Nul marchand ne doit être autorisé à user du nom de son prédécesseur pour désigner sa maison.

On peut être certain que si de tels principes étaient appliqués toutes les grandes maisons commerciales qui actuellement paralysent l'enrichissement de la généralité des commerçants, et qui grâce aux origines de notre vieille organisation sociale trouvent toute leur puissance dans les combinaisons financières plus ou moins ténébreuses, dans des associations d'individus qui se lient plus ou moins directement au pouvoir gouvernemental, qui se cachent plus ou moins dans le noir labyrinthe de l'anonymat, on peut être certain, dis-je, que lorsque ces maisons ne seront plus soutenues par les louches combinaisons financières, qui ne sont autres que les fruits des coupables et lâches agissements de l'ignoble politique, elles cesseront d'exister.

Mais pour obtenir ce précieux résultat, il faut que le gouvernement cesse de tromper et de spolier les gouvernés et qu'il veuille agir de façon à ce que chacun puisse obtenir le plus de bien-être possible et le plus vite possible. Ce n'est qu'à ces conditions essentielles que la lutte commerciale deviendra véritablement égale pour tous.

Or, dès qu'il saura, ou qu'il lui plaira de faire son devoir, je ne crois pas qu'un commerçant puisse arriver à donner à son commerce un accroissement deux cents fois plus grand que celui de la généralité de ses concurrents, ou tout au moins, si ce cas se produisait, il serait extrêmement rare et serait très vraisemblablement dû à une heureuse invention. En admettant même que quelques commerçants ou industriels parviennent de temps en temps à atteindre une aussi grande proportion, jamais ils ne pourraient engendrer des conséquences funestes pour leurs concurrents, car au pis aller, cette proportion ne serait que de courte durée, en ce sens que l'inventeur ne pourrait faire profiter ses héritiers des énormes bénéfices de son invention ; qu'après son trépas, son invention tomberait dans le domaine public et être exploitée par quiconque le voudrait. En ce sens, que le commerçant atteindrait une telle extension commerciale, se trouverait avoir vécu un bon nombre d'années et que le plus souvent son système aurait été de vendre à petit bénéfice afin de vendre beaucoup. Sa mort relativement prochaine serait susceptible d'amener de grands changements dans ses affaires. D'autres parts, il ne faut pas oublier que les héritiers ne pourraient hériter que d'une valeur de 100.000 francs, et que s'ils veulent continuer l'exploitation de l'entreprise commerciale du défunt ils seraient tenus de verser au trésor pendant 33 années, la somme de

30.000 francs par chaque million qu'ils posséderaient en plus de leur droit d'héritage. (Voyez page 73). D'autre part si le commerce du trépassé n'est dûment reconnu pour pouvoir être exercé par plusieurs individus, un seul héritier, ou un seul étranger à la famille ne pourrait être successeur ou preneur. Dès lors il y a des chances pour que celui qui serait appelé à prendre la direction et la responsabilité d'un commerce aussi important, n'ait pas les chances ou le savoir nécessaire pour empêcher son commerce de péricliter. D'autant plus, qu'ayant chaque année plusieurs fois 30.000 francs à donner au gouvernement, il ne pourrait durant 33 années, vendre ces marchandises à bas prix. Immanquablement, les concurrents qui n'auraient pas d'argent à verser au trésor de l'Etat auraient l'avantage de pouvoir vendre meilleur marché et de voir à leur tour la prospérité et la fortune entrer dans leurs maisons.

Dans ces conditions, l'esprit le plus obtus comprendra aisément que du jour où il n'y aura plus, à l'état permanent, ces grrrands magasins, ces immenses bazars, ces grandes combinaisons de ventes, de crédits, de trafiques financiers et commerciaux qui sont présentement sous la haute tutelle de la politique gouvernementale, qu'il n'y aura plus ces multitudes de sociétés, de compagnies de tout genre et de toutes qualités ; ces hordes encombrantes, inutiles et braillardes de petits marchands nomades qui traînent par villes et campagnes, portant leur peu de marchandises sur leur dos, ou dans de petites voitures ; cette foule de petits commerçants qui s'installent dans des baraques sur les places, sur les trottoirs, sous les portes cochères, etc., etc.,

qu'il n'y aura plus cette quantité énorme de malheureux qui se
nourrissent mal, qui luttent contre l'inanition par des repas fru-
gaux, insuffisants et parfois très mauvais, incontestablement tout
le commerce se fera par des commerçants à demeure fixe installés
dans de véritables maisons ; par des boutiquiers qui seront libres
d'agir comme bon leur semblera, qui ne dépendront de qui que
ce soit, qui ne subiront, ni ne pourront subir, aucune influence
politique ou religieuse, qui seront abandonnés à leurs propres
moyens professionnels, financiers et intellectuels. Indubitablement, ces commerçants ainsi débarrassés de tout ce qui actuellement paralyse leurs négoces, leur enlève tout espoir d'enrichissement verront immédiatement leur commerce prendre des proportions inespérées, qui les placeront bientôt sur le chemin de
la fortune. Ils s'enrichiront d'autant plus facilement qu'ils n'auront aucun impôt de patente et autre fisc à payer, ni médecins,
ni pharmaciens, ni assurances d'aucune sorte.

Devant la grande activité du commerce, et la facilité avec laquelle nombre de chefs de commerce, d'industrie, d'agriculture
arriveraient à atteindre de grandes richesses beaucoup de gens
non établis feraient tout leur possible pour trouver une boutique
à louer, un fonds, un terrain, une ferme à vendre, etc. Il y aurait
là une lutte constante et acharnée, une noble et bienfaisante
émulation à laquelle le plus grand nombre des humains ne manquerait pas de concourir. Partout les boutiques se loueraient
comme par enchantement. Partout, nos rues et nos boulevards
seraient embellis, on y verrait de belles boutiques, bien agencées,
bien éclairées, bien achalandées, montrant aux passants des mar-

chandises bien abritées, bien arrangées, disposées avec le goût, la symétrie et l'harmonie qui président à toute belle exposition. En général, les marchandises vendues seraient plus fraîches, plus saines ou moins avariées que celles que nous vendent certains marchands actuels ; en ce sens, premièrement, que les commerçants étant moins nombreux, que l'aisance ayant pénétré partout, le débit s'en trouverait considérablement augmenté et par conséquent plus souvent renouvelé ; deuxièmement, que n'étant jamais exposées au dehors, elles ne supporteraient pas les intempéries et les influences destructives du vent, de la pluie et de la poussière ; de la poussière surtout. Car les étalages constituent un vrai danger pour le public ; les poussières que soulèvent le vent, voitures, cylindres des balayeuses, ou que rabattent des étages supérieurs, le nettoyage des tapis et des vêtements, ont vite fait de déposer leurs microbes sur les denrées alimentaires exposées en bordure des trottoirs. D'autre part, les étalages sont souvent très gênants pour la circulation des passants, surtout certains jours fériés, il est des endroits où on s'écrase littéralement, sur des trottoirs de 10 mètres de largeur, où on tolère un envahissement de 9 mètres pour les étalages, les baraques et les terrasses de cafés. Vantés, traités de spacieux de tels trottoirs, constituent une belle ironie ! La plupart des étalages ont cependant quelque chose de choquant ; toutes ces caisses, tous ces paniers disparates, d'une couleur boueuse et pisseuse n'ont rien d'esthétique, rien d'attrayant si ce n'est de donner aux boutiques un certain cachet de campement ou d'émigration. Les étalages extérieurs sont aussi un gros soucis pour les commerçants, ils augmentent le travail, les dépenses et les pertes, ils tentent et facilitent les vols.

Les commerçants n'auraient pour ainsi dire pas à redouter la concurrence dangereuse. La diversité des métiers et la rareté des boutiques à louer tiendraient les concurrents relativement et suffisamment éloignés les uns des autres. Par exemple, dans une rue, un quartier ou une petite localité, s'il se trouve plusieurs boutiques à louer, on peut être à peu près certain que ces boutiques seront louées pour y exercer une des professions qui y seront le moins bien représentées. Souvent, les propriétaires de boutiques à louer verraient leur domicile envahi par une foule de gens pour leur dire qu'ils acceptent le prix demandé pour la location, ou même pour en offrir un prix plus élevé. Il y aurait là, une lutte entre postulants qui ferait sourir plus d'un propriétaire ; les plus avisés ne manqueraient pas d'établir une sorte d'enchère et d'adjuger aux plus offrants. Les plus offrants seraient généralement ceux qui voudraient exercer un des métiers qui seraient les moins bien représentés dans une rue, un quartier ou une petite localité. Ce sont ceux-là qui seront les plus hardis, les plus confiants, les plus victorieux dans leurs entreprises commerciales.

Dans ces conditions, il va de soi que, dans une rue, un quartier, une localité quelconque, il y aurait très peu de concurrents pour chaque commerçant, et par cela même ceux-ci seraient relativement éloignés les uns des autres et suffisamment assurés d'une bonne activité commerciale. Cette activité serait d'autant plus grande que tout le monde se nourrirait bien, se vêtirait

bien, que près de la moitié du genre humain viverait bourgeoisement.

En tolérant l'enrichissement des commerçants, des industriels,
des patrons, des propriétaires on fera œuvre de bienfaisance.
Plus le commerce facilitera l'enrichissement, plus les commerçants auront les facilités d'observer les principes de loyauté et
d'honnêteté. Ils ne seront plus poussés vers le mal par les difficultés des affaires, ils résisteront mieux aux tentations de la
fraude et des basses tromperies. Plus les commerçants feront
d'affaires, plus il leur sera possible d'utiliser les machines ; et naturellement, plus ils emploieront de machines pour accomplir
leurs besognes, moins ils emploieront de bras salariés, et par cela
même contribueront puissamment à l'économie du travail social.
Or, plus l'économie du travail sera grande, plus le bien-être social sera grand, moins il faudra de travailleurs salariés pour produire, ou faire produire, ces milles choses qui sont nécessaires
au bien-être de l'humanité ; plus vite, plus tôt, plus jeunes les
anciens salariés pourront posséder l'usufruit de leurs parts de
biens naturels et jouir, en rentiers, des précieux fruits que produi-
ront les labeurs des salariés moins âgés et dûment en activité.

Tel doit être le résultat final des grands principes du négoce
de l'humanité socialisée.

Les salariés, n'étant plus trompés, ni spoliés, étant certains
qu'un jour relativement proche, ils seront élus pour la liberté et
le parfait bonheur, éclairés, confiants, et fraternels, se rési-
gneront à accomplir sans murmures, sans jalousies et sans révoltes
tous les travaux qui assurent le bien-être à tous. Au contraire,

ils seront fiers et contents de travailler pour les autres, parce qu'ils sauront que leur tour viendra ou d'autres plus jeunes travailleront pour eux. Ils ne verront plus en leurs patrons des monstres qui boivent leurs sueurs et sucent leur sang, ils verront en leurs patrons des chefs dirigeant des fractions du labeur humain, des hommes qui pourront peut-être s'enrichir énormément; mais jamais à leur détriment. Ils ne verront plus en leurs patrons d'ignobles créatures qui s'accaparent de tous les biens de la terre. Loin de voir en eux d'implacables ennemis, pour ces possesseurs de biens naturels ou ouvragés, ils auront du respect et de l'admiration, ils verront en eux des hommes de qualités et de mérites, des bienfaiteurs qui tacitement consentent librement à exploiter ou à faire fructifier les parts de biens naturels de leur prochain, qui pour causes d'enfance, de vieillesse ou d'emplois salariés ne peuvent exploiter eux-mêmes.

De leur côté, les patrons cesseront de prendre les salariés pour des esclaves, des bêtes ou des machines, qu'ils peuvent exploiter à merci, ils comprendront que cette importante catégorie de travailleurs est leur égale, ils verront en eux des hommes de devoir, de courage et de résignation, qui seront censés avoir abandonné toutes leurs parts de biens naturels à l'exploitation d'autrui pour aller accomplir les durs travaux collectifs des usines, des fabriques, des ateliers, des champs, et autres lieux où se font toutes ces belles et bonnes choses qui procurent le bien-être supérieur. Généralement, plus riches et mieux instruits sur les droits et les devoirs, ils ne manqueront pas de les traiter avec bienveillance et considération, et de s'appliquer à rendre propres, confortables, durables et commodes les lieux où s'exécutera le travail.

Voilà comment doit se faire l'association humaine, sans pour cela engendrer l'abrutissement, le vol et l'animosité ; sans détruire l'initiative privée, ni l'action individuelle, sans créer des milliers de sociétés dans la grande société humaine.

Comment doit être organisée la Défense de la Santé.

———

Au nom du bien, de la raison, du droit, de la justice, de l'économie du travail, de la mutualité, de la sécurité et de la confiance, nous ne devons plus tolérer la honteuse exploitation de la santé publique par ceux qui doivent la défendre.

Nul ne doit être autorisé à gagner de l'argent avec les accidents ou les douloureuses maladies d'autrui. Nous devons vouloir que le gouvernement ait pour devoir de veiller à la conservation de la santé publique et de mettre gratuitement à la disposition des mortels toutes les sciences médicales, chirurgicales et pharmaceutiques. En conséquence, il doit y avoir une organisation capable d'atteindre ce but superlativement sacré. Or, selon moi, voici grosso-modo, ce qu'il convient de faire pour obtenir ce résultat extrêmement précieux.

Dans tous les pays du monde, où il existe une agglomération humaine de quelque importance, il y aura une ou plusieurs maisons de santé, absolument comme il y a une ou plusieurs mairies, dans une même agglomération.

Les maisons de santé devront être construites par le gouvernement et réunir le confort et l'aménagement que réclament l'hygiène et l'art de bien traiter les malades. Elles devront être pourvues de toutes les armes ou commodités qui seront jugées nécessaires pour combattre avec succès les nombreuses et douloureuses maladies qui assiègent sans répit notre pauvre humanité.

Dans ces édifices consolateurs et salutaires, le gouvernement placera des soldats qui se consacreront à la défense de la santé publique, autrement dit des médecins, des chirurgiens, des pharmaciens qui auront préalablement reçu une solide et sérieuse instruction dans des écoles spéciales.

Pour chacun de ces temples de la santé, voici qu'elle pourrait être la composition nécessaire et hiérarchique des bienfaisantes personnes qui se dévoueraient à la défense des vies humaines. Un médecin en chef, deux médecins de 1re classe, quatre de 2e classe et huit de 3e classe. Un chirurgien en chef, un de 1re classe et trois de 2° classe. Un pharmacien en chef, deux de 1re classe, quatre de 2e classe. Plus une certaine quantité d'élèves étudiant la médecine, la chirurgie et la pharmacie que fourniraient les écoles officielles. Un certain nombre d'hommes de peine compléterait le personnel attaché à ces maisons de santé.

Afin de rendre plus parfaite la rapidité des secours, toutes les personnes préposées à la défense de la santé publique devront habiter dans la maison de santé.

Pour rendre la défense de la santé publique plus efficace, toutes les maisons de santé seront reliées entre elles par le téléphone et seront en outre pourvues d'ambulances, d'automobiles et de bicyclettes.

Dans toutes les maisons de santé, un service de jour et de nuit existera en permanence. De telle façon que les malades puissent, de nuit comme de jour, avoir à leur disposition les médecins et les pharmaciens, absolument semblables aux incendiés qui ont les pompiers à leur disposition.

Pour notre santé et notre quiétude, il faut que quiconque se sentirait malade, indisposé, éprouverait des malaises ou même des craintes justifiées par des symptômes coïncidant avec certaines maladies, ait la faculté de se rendre à la maison de santé la plus proche, pour se faire visiter, ausculter par les médecins, qui suivant son état le soigneraient ou le rassureraient.

Tous les malades qui pourraient se faire soigner en se rendant d'eux-mêmes aux maisons de santé devraient le faire chaque fois que le corps médical le jugerait nécessaire.

Toute personne se sentant suffisamment malade pour garder le lit devrait pouvoir faire demander téléphoniquement un homme de science médicale à la maison de santé la plus proche. Là, sitôt qu'un médecin de service aurait connaissance du fait, il sauterait vivement dans une automobile préalablement tenue sous pression, par un mécanicien conducteur, laquelle automobile serait munie d'un coffre toujours amplement garnie de charpie, de bandes de toile, de trousses et de produits pharmaceutiques ; en un mot de tout ce dont on peut avoir besoin pour faire les premiers pansements.

Les médecins qui seraient à tour de rôle chargés du service des premiers secours seraient, le plus souvent, des médecins de 3ᵉ classe. Or, quand ces subalternes seraient appelés au chevet des malades, si d'après certains symptômes ou certaines observations des souffrants, ils craignaient de se tromper dans leur diagnostique, s'ils n'étaient pas certains de bien pronostiquer et par conséquent incapables de faire l'ordonnance qu'il convient, afin de ne pas commettre d'erreurs et de dégager leur responsabilité, ils devraient en référer immédiatement à leurs supérieurs. Il en serait de même pour ces derniers, dans le cas où ils ne se sentiraient pas suffisamment éclairés dans leur science. De telle sorte que ce serait les médecins ou les chirurgiens en chef qui seraient appelés à démontrer et à faire valoir leur savoir pour le plus grand profit de leurs subalternes et pour le plus grand bien des malades.

D'autre part, quand les médecins, se sentant assez capables de faire ce qu'il convient pour combattre les maladies, demanderaient aux personnes qui en seraient affligées si elles veulent se faire soigner chez elles ou bien à l'hôpital, suivant leur réponse, il serait toujours fait selon leur volonté. Pour les malades qui voudraient se faire soigner chez eux, les médecins rédigeraient des ordonnances qui n'auraient qu'à être présentées au laboratoire pharmaceutique de la maison de santé pour obtenir instantanément et gratuitement tous les médicaments nécessaires. Quant à ceux qui voudraient se faire soigner à l'hôpital, après un pansement sommaire les médecins signeraient un bulletin spécial qui ouvrirait toutes grandes les portes de l'hôpital.

Chaque jour un médecin de 1re classe, suivi de plusieurs de ses subordonnés, ferait une visite aux personnes les plus gravement malades de sa circonscription. Entouré de ses subalternes et suivant qu'il le jugerait utile, il donnerait des explications sur les maux qui tourmentent les patients, donnerait des instructions et s'assurerait que toutes ses prescriptions sont strictement observées.

Le médecin en chef ferait une visite hebdomadaire et ferait son possible pour augmenter le savoir des médecins soumis à ses ordres.

Les médecins en étant ainsi groupés et hiérarchisés ne manqueraient pas de subir les nobles effets de l'émulation et ne cesseraient d'acquérir des connaissances dans la science de guérir, toujours les célébrités médicales seraient là pour étendre le champ de leur savoir. Dans ces conditions, la science médicale et chirurgicale, ne manquerait pas de progresser plus rapidement que de nos jours. Pour les maîtres de cette science, elle serait d'autant plus facile à enseigner qu'ils pourraient constamment la démontrée théoriquement et pratiquement sur tous les malades indistinctement. Les études des médecins seraient incessantes, sous les ordres, la surveillance et l'enseignement des médecins en chef, ils ne sortiraient pour ainsi dire pas de l'école de médecine, si ce n'est pour être eux-mêmes médecins en chef.

En outre, afin que l'art de guérir soit sublime, qu'il ne soit pas oublié, négligé ou enfreint, au nom de l'ordre et de l'efficacité de la défense de la santé publique, nous devons vouloir qu'une académie de très hautes célébrités médicales se réunissent en conseil permanent pour émettre, discuter, délibérer, ordonner, assembler, classer dans des livres, les remèdes et les traitements qu'elle reconnaîtra les plus souverains.

Afin que les praticiens de tout degré et de tout pays pratiquent réellement les traitements que l'académie aura reconnus les meilleurs, nous devons créer un ministère de la santé publique, nous devons vouloir l'existence d'un ministre qui ait pour mission de veiller à l'observance des traitements ordonnés par l'académie de médecine qui aurait, pour la seconder, des inspecteurs doctement instruits dans la science médicale et dûment autorisés à pouvoir s'assurer que les traitements et les remèdes sont conformes aux prescriptions des livres de l'académie.

Quant aux médicaments, nous devons vouloir agir conformément aux principes unificateurs de l'application des traitements. Nous devons vouloir l'unification des traitements et des médicaments ; il ne faut pas qu'une maladie soit traitée de différentes façons, seul le remède reconnu le plus souverain doit être usité. Par ordre du ministre, nul praticien ne doit pouvoir en déroger. Seul le ministre doit avoir le droit de changer un remède contre un autre ; mais il ne devra le faire qu'après y avoir été préalablement autorisé par l'académie de médecine, qui elle-même ne devra se prononcer que d'après des expériences et des résultats probants. Il devra en être de même pour les médicaments ; dans tous les pays du monde leur mode de préparation et d'usage devront être uniformes, les mêmes procédés de poids et de mesures devront présider à la réunion des ingrédients qui sont associés dans la composition d'un remède.

L'art de guérir ne doit pas être traité à la légère, il ne doit pas être abandonné à l'incapacité, à la cupidité, au fantaisisme et au « je m'enfoutisme » de certains médecins de nos jours.

Actuellement, étant donné l'esprit de notre triste époque, un médecin fût-il le meilleur des hommes, s'il n'est pas fortuné, s'il est l'esclave de coûteuses passions, s'il a des dettes, s'il est poussé par le besoin, par l'impérieuse nécessité de vivre; force lui est d'exploiter, quand même, les personnes qui lui confient la défense de leur santé.

Les médecins, les pharmaciens sont les plus habiles commerçants du monde, ce sont eux qui font le plus de bruit, le plus de réclame, qui distribuent aux foules le plus de prospectus, de brochures, etc. Ils sont des marchands qui, comme tous les autres, cherchent à tirer les plus grands profits de leur savoir ou de leurs marchandises. Ils sont les exploiteurs des souffrances du corps humain, et comme tels, ne méritent pas une autre confiance que celle que l'on accorde généralement aux commerçants. Leur sincérité et leur dignité devient donc quelque peu suspecte et inquiétante à bon droit.

Nul médecin, en appartement, nul pharmacien en boutique, ne doit exister. Seuls les médecins, les chirurgiens, les pharmaciens attachés et habitant les temples de la santé, doivent avoir le droit de soigner les malades.

A l'instar des grandes administrations, les médecins, les chirurgiens et les pharmaciens doivent avoir une subordination et une discipline placées sous la tutelle d'un règlement spécial. Ils devront être payés par le gouvernement ; toute autre rétribution leur sera rigoureusement défendue et ils devront être sévèrement punis en cas d'infraction.

Les médecins, les chirurgiens et les pharmaciens devront avoir des costumes spéciaux qui sans avoir les prétentions du costume militaire, chatoyant et carnavalesque, n'en seront pas moins pourvus d'insignes extérieurs suffisamment visibles pour permettre de les distinguer des civils.

Ainsi habillés, nos francs défenseurs de la santé publique pourront être reconnus, honorés et respectés comme ils le méritent.

Considérant que la perfection de la science de guérir est nécessaire au bonheur des hommes, considérant que les hommes qui se vouent à la défense de la santé humaine sont obligés de faire de longues et pénibles études, considérant que pour assurer la marche progressive de cette science éminemment précieuse il est indispensable que des hommes y consacre toute leur existence, quoiqu'ils puissent obtenir vers leur quarantième année les rentes de leurs parts de biens terrestres, la généralité d'entre eux n'en continuerait pas moins à lutter courageusement et généreusement pour la grande et sublime cause de la défense des vies humaines. Il est donc très naturel et très juste que le public reconnaissant veuille rendre hommage à ces bienfaiteurs qui chasseront du corps humain tant de douloureuses et mortelles maladies et que la mort se disposait à emporter prématurément. Il faut que ces costumes soient pour eux un emblême qui les fasse aimer vénérer. Pour stimuler les qualités de ces nobles serviteurs du ι, on devra vouloir que le gouvernement récompense honorifiquement, solennellement et pécunièrement les plus méritants.

Pour les salariés qui seraient éloignés de leur pays, de leur famille, qui n'auraient pas d'intérieur, ainsi que pour toutes les

personnes atteintes de maladies contagieuses ou qui, tout simplement, préféreraient se faire soigner dans un hôpital, tous les
malades y seraient indistinctement et humainement traités.
L'ignoble politique étant morte, les droits de l'homme étant
triomphants, les hommes, chargés de la défense de la santé
publique, n'auraient plus à subir, ni à se prêter aux infâmes
combinaisons des meneurs de nations. Tous les malades qui
rentreraient dans les hôpitaux trouveraient douceur, bienveillance, égalité et fraternité. Pour la justification de ces beaux
mots, il importe que les jeunes hommes qui se seront dévolus à
la médecine soient recrutés avec le plus grand scrupule, ils ne
devront comprendre que des sujets irréprochables, studieux,
sérieux, ambitieux d'être quelqu'un dans l'art de guérir, alertes,
bons, de grande douceur, ayant la vocation ; car on ne fait
vraiment bien que ce qu'on aime faire. Ce serait ces petits médecins en herbe qui, lorsqu'ils auraient acquis une capacité suf-
fisante seraient chargés des pansements sommaires.

Le droit Romain ayant vécu, ils ne seraient plus pervertis par
les mœurs d'un quartier latin quelconque.

Les hôpitaux devront toujours être construits hors des villes,
en plein air, dans de grands jardins, au milieu des arbres, loin
du bruit et des trépidations. Les hôpitaux doivent être avant
tout des lieux de guérison et de consolation et non des laboratoires de médecine où trop souvent hélas des vies humaines sont
sacrifiées à des expériences, des études, et des opérations inutiles.

S'il en était ainsi, il est certain que bien vite disparaîtraient
l'appréhension et le dégoût de l'hôpital qui le plus souvent

épouvante d'instinct les malheureux salariés que la souffrance y conduit, qui se sentent pris de terreur, parce qu'ils vont vers l'inconnu, vers le doute, vers les criminelles surprises de l'organisation sociale dont continue à nous gratifier l'odieux Jésuitisme.

Si vous m'avez bien compris, convenez avec moi qu'une telle organisation de la défense de la santé publique purifierait souverainement l'art de soigner les malades, donnerait l'assurance, à chaque membre de l'humanité, d'avoir à sa disposition toutes les forces de la science médicale et chirurgicale pour la défendre contre les maux douloureux de la chair. N'est-ce pas là, pour le moral des patients, un précieux repos capable de contribuer à leur salut ?

Certes, si pour combattre les maladies, les protecteurs de la santé publique étaient ainsi organisés et armés, s'ils étaient rétribués et placés sous la surveillance austère d'un ministre, que d'abus, que d'erreurs, que d'ignominies, que de souffrances, que de morts prématurées, que de larmes seraient évitées !

La criminelle exploitation de la santé publique ne pourrait plus faire gémir l'humanité. On n'entendrait plus des gens dire sur un ton découragé : « Voilà une heure que je suis à la recherche d'un médecin ; les uns sont à la campagne pour leur plaisir les autres sont en visite, et ces derniers ne seront pas de retour avant deux heures de temps ; ne connaîtriez-vous pas dans ces parages un bon docteur ? » On ne verrait plus des médecins user d'artifices pour ne pas avoir à se rendre la nuit auprès des moribonds, des mères indigentes se traîner, suppliantes, aux genoux d'inhumains docteurs qui refusent de secourir leurs enfants agonisants; on n'entendrait plus des mères dire sur un ton aussi larmoyant que pleurnichard : « Mon Dieu, en quel siècle vivons-nous donc ? J'avais un fils, qu'une maladie avait alité, je fis appeler un médecin, qui me déclara que mon fils était atteint de tel mal, et le traita en conséquence. Malheureusement mon enfant n'allait pas mieux, bien au contraire son mal empirait; déçue et irritée, à l'insu du premier médecin, j'en fis mander un autre, ce dernier me dit que mon enfant était atteint par telle maladie, alors que le premier s'était prononcé pour une toute autre maladie. Très désagréablement surprise de cette contradiction, je lui dis qu'il devait faire erreur, que j'avais déjà fait venir un médecin avec lequel il se trouvait en complète opposition au sujet de la maladie : — Docteur, dis-je, votre désaccord m'est très pénible, me rend perplexe et, en vérité, je ne sais qui de vous deux a raison. — Ce médecin dans le but de chasser le doute qui avait envahi mon esprit, s'écria avec véhémence : « Mais madame, vous avez tort de ne pas avoir confiance en moi, attendu que si mon confrère n'avait pas commis une grave erreur, votre enfant serait en bonne voie de guérison, malheureusement c'est le contraire qui s'est produit, ce n'est donc pas en lui que vous devez avoir confiance. Devant un aussi piteux résultat, je ne crains pas de dire que ce n'est qu'un maladroit, un incapable, un âne, etc. ». — Moi, devant un tel débordement de paroles, je me suis laissée persuader; pleine d'espoir, munie d'une nouvelle ordonnance; mon chérubin suivit un nouveau traitement, il absorba d'autres drogues et maintes mixtures qui trahirent mes prévisions. Le mal empira encore, ma désolation fut grande, quelque chose que je ne puis définir me fit frémir, une force secrète me poussa à suspecter la sincérité et le savoir de nos médecins. Enfin résignée et résolue à tous les sacrifices, je fis venir une célébrité médicale. A ce troisième médecin, je fis la narration des différents traitements que les deux premiers médecins avaient fait subir à mon cher enfant. Cet éminent praticien après avoir examiné longuement et scrupuleusement le corps frêle et tourmenté de mon chéri, secoua tristement la tête, me prit à part et me confia ses appréhensions. « Votre enfant est gravement malade, me dit-il et je crains de ne pouvoir le sauver : Au début de sa maladie le mal a été mal compris et mal combattu; on s'en est aperçu, on a voulu réagir, des médicaments à effets contraires ont été absorbés, et c'est précisément ce qui a engendré des maux nouveaux. De telle sorte que, présentement, plusieurs maladies se disputent le corps de votre enfant. Il est vraiment regrettable que vous ne m'ayez pas fait appeler plus tôt. Quoi qu'il en soit, soyez assurée, Madame, que je vais user de toute ma science pour essayer de le sauver. » Hélas, malgré mes soins et les puissants remèdes du grand médecin, mon enfant est mort victime d'une erreur médicale ! Victime de la mauvaise organisation de la défense de la santé publique.

J'arrête ici ma liste des erreurs, des honteuses tromperies, compromissions et exploitations du funeste système médical actuel.

Oh ! critique amère et facile ! Oh l'ignorance ! Oh! origines incohérentes des civilisations ! Oh ! Désolation ! Le cœur des gens qui sont ainsi éprouvés, envahi par le chagrin et le blâme laisse échapper des torrents de larmoyantes indignations ! Des accusations indéfinies tourbillonnent confusément dans leur cerveau endolori, et ent'rouvent leurs lèvres pour livrer passage à une malédiction terrible et inexplicable.

Quant à moi, sachant d'où vient le mal, connaissant le remède, je souffre d'être dans l'impuissance de l'appliquer.

Devant tant de mauvais principes sociaux, devant tant de douleurs et de morts prématurées, mes yeux s'emplissent de larmes, mes dents se serrent de rage impuissante, devant le formidable et coupable pouvoir des meneurs de nations, mon âme s'emplit de révolte et d'épouvante. Je me sens accablé, terrorisé et perclus, mais je n'en demeure pas moins résolu à faire des efforts surhumains pour faire entendre un cri d'alarme.

Purification des Mœurs.

Le gouvernement pouvant donner du travail à quiconque veut travailler, assurer le nécessaire à tous les salariés au moyen d'une loi fixant le minimum des salaires, faire une sérieuse. pension de retraite aux plus anciens travailleurs, obliger les jeunes adultes à se livrer aux travaux utiles et honnêtes, on ne verrait plus des pauvres vieux se suicider parce qu'ils ne trouvent pas de travail et qu'ils n'ont plus d'argent. La misère hideuse qui tue et avilit ne pousserait plus des légions de créatures à la prostitution, au vol, à l'ivresse, à l'abêtissement, au dégoût, à la haine, à la folie, au suicide et au crime. La moralité et les vertus deviendraient meilleures. Les mariages ne seraient plus corrompus par le pouvoir de l'or et seraient capables de fournir aux humains le maximum de bonheur qu'ils recherchent. Les personnes qui voudraient s'unir par le mariage n'auraient pour ainsi dire pas à se soucier de leur avenir, l'essentiel pour elles serait d'être probes et travailleuses ; avec ces deux qualités, elles pourraient être certaines que leur position sociale serait toujours bonne. Quoique infortunées, elles seraient assurées d'acquérir, même en travaillant comme simples salariées, une fortune de plus de cent mille francs, en ce sens que le gouvernement leur ferait des rentes sitôt qu'elles auraient travaillé le temps voulu pour y avoir droit.

D'autre part, si les personnes qui veulent s'épouser étaient honnêtes et laborieuses, jamais les parents n'auraient le droit de s'opposer à leurs unions (à la condition, bien entendu, qu'elles soient saines de corps et d'esprit), car tout est là : probité et travail. Quiconque serait travailleur et conforme aux règles de la probité aurait une fortune en perspective.

De son côté, le gouvernement n'autoriserait jamais l'union des personnes paresseuses et infortunées. Dès lors, il va de soi que le premier devoir des parents serait de savoir si la personne choisie a toutes les qualités qu'exige le gouvernement pour mé-riter la rente de ses parts de biens naturels.

D'autre part, il ne faut pas oublier que l'homme le plus riche du monde, n'eût-il qu'un enfant, ne pourrait lui donner que cent mille francs de dot et que, s'il lui donne cette somme, à sa mort, la totalité de ses biens deviendrait la propriété du gouvernement ; que son enfant n'aurait, par conséquent, plus le droit d'hériter, ni de s'approprier quoi que ce.fût des biens de son père, à moins cependant qu'il s'engage à verser au gouvernement trois pour cent, et pendant trente-trois années, de la valeur des biens qu'il voudrait s'approprier.

Dans ces conditions on conçoit que, tout en étant un simple salarié, un jeune homme pourrait oser regarder amoureusement et essayer de plaire à la fille d'un monsieur cent fois millionnaire. Cette prétention ne serait nullement déplacée.

En effet, ne seraient-ils pas égaux ? En fortune et en droit ? Un travailleur n'est-il pas un noble bienfaiteur ? N'y a-t-il pas de la noblesse et de la résignation dans l'action d'un homme qui serait censé abandonner ses parts de biens terrestres à des inconnus pour aller ouvrager chez autrui des choses qui contribuent à procurer le bien-être à ses semblables ; qui tacitement se sacrifierait à supporter patiemment tous les inconvénients fâcheux attachés à l'apprentissage et à la pratique d'un métier exercé en commun ; qui comprendrait qu'il est absolument nécessaire que la plus grande partie des hommes se soumettent à la volonté des patrons, des directeurs de l'immense labeur humain, afin que le bien-être soit, et que l'économie du travail puisse se produire ; qui comprendrait que le travail fractionné en métiers, et les métiers exercés en collectivité, peuvent seuls créer le bien-être supérieur, l'économie du travail et dispenser la moitié de l'humanité de toute dure besogne ; qui comprendrait que la génération qui a précédé la sienne a travaillé pour lui alors qu'il était enfant et qui trouverait juste que celle qui succèderait à la sienne travaillât pour lui quand il serait vieux, d'autant plus que lui aurait travaillé pour elle alors qu'elle était enfant.

Ah ! s'il en était ainsi, il est certain que dans l'accouplement des êtres qui se marient, la néfaste puissance de l'or s'effacerait pour céder le pas à l'amour pur. L'amour seul présiderait aux mariages.

D'autre part, l'application de mes principes sociaux produisant l'économie du travail, limitant pour ainsi dire le nombre des commerçants nécessaires à nos besoins et à nos commodités, permettant à tous les humains de bien se nourrir, se vêtir, se loger, etc., etc. Détruisant la concurrence anonyme et déloyale des grands magasins, des sociétés coopératives, des économats, etc., presque tous les commerçants seraient assurés de faire de bonnes affaires, d'autant plus lucratives qu'ils n'auraient aucun impôt, aucune assurance à payer, aucune charité à faire, qu'il leur serait plus facile et plus économique d'employer la force des animaux et des machines et qu'ils pourraient remplacer plus aisément et plus rapidement les mauvais employés. Les commerçants ainsi soutenus dans leur honorabilité et dans leurs bénéfices, on ne verrait pas la multitude d'entre eux se livrer à l'avilissante exploitation de l'amour le plus voluptueux. Voulant vivre, luttant désespérément, ayant recours à tout, accusant la fatalité, ignorant la puissance bienfaisante des sciences dans l'application de ma doctrine, ils se laissent glisser sur la pente des immoralités et des promiscuités malfaisantes, se prêtant à des entremises ignobles, à des complaisances répugnantes, se faisant les plats serviteurs de cette corruption qui fait rouler l'âme et le cœur dans l'horrible égout du rut et de la prostitution. On ne saura jamais les honteuses compromissions que certains négociants facilitent sous les apparences d'un commerce honorable et licite. On ne saura jamais combien de commerçants se trouvent poussés par nos présents principes sociaux à commettre d'indélicates actions.

D'autre part, le crédit n'étant plus soutenu par le gouvernement, étant aux risques et aux périls de chacun, aucune loi ne s'imposant pour donner droit aux marchands de poursuivre leurs débiteurs, on ne verrait plus des commerçants exploiter la coquetterie féminine et profiter des défaillances du cœur féminin pour les pousser dans l'ignominie.

Le crédit sans garantie et la suppression de la littérature malsaine seraient pour nos mœurs des agents purificateurs très actifs, ils sauveraient biens des gens des infâmes appétits de la corruption, ils éviteraient bien des déchéances et bien des déshonneurs.

Le gouvernement étant convaincu qu'il doit et peut donner du travail à quiconque en demande, étant fermement résolu à châtier la paresse des gens qui n'ont pas de moyens d'existence avouables, la prostitution qui a pour cause la misère ne pourrait plus exister, on ne verrait plus des légions de créatures éhontées vivre impunément du commerce écœurant de la prostitution. Toutes ces victimes du vice et de la débauche, toutes ces filles, tous ces souteneurs, tous ces entremetteurs ou procureurs des deux sexes, qui par leur mélange confus, leurs actions mystérieuses et abjectes constituent les pourrissoires pestiférés de la société actuelle, seraient humainement retirés des infectes sentines où ils croupissent pour être désinfectés et injectés d'un sérum qui les délivrerait du mal. Ce puissant sérum serait de se voir contraints de se livrer au travail honnête, ennoblissant et salutaire. On ne verrait plus des marchés de chair humaine, toutes ces maisons, tous ces bouges, tous ces lieux qui servent d'asiles aux amours interlopes, aux vices pestiférés ; tous ces foyers de la corruption du corps et de l'âme seraient supprimés.

Si les gouvernants se décidaient à briser l'horrible machine dont ils se servent pour avilir et appauvrir les masses, s'ils reconnaissaient que pour faire travailler les hommes ils n'ont plus le droit d'avoir recours au mal, mais tout simplement aux lois naturelles, aux sciences infinies, aux droits de l'homme et à la justice éternelle, on ne verrait plus de ces fils efféminés, noceurs et railleurs de la riche bourgeoisie ou de l'ex-noblesse, débaucher, abuser, abandonner de bonnes filles, pauvres, laborieuses et confiantes, pour épouser ensuite de riches demoiselles, dont la principale occupation est de ne rien faire d'utile pour autrui, dont la principale richesse provient des héritages et des tripotages financiers, autrement dit qui a pour origine les spoliations des biens naturels des braves salariés. On ne verrait plus de ces admirables ouvrières tombées dans la misanthropie, parce qu'elles ont été lâchement trahies, désillusionnées. Elles n'iraient pas se livrer à la fange amoureuse parce qu'elles s'aperçoivent des difficultés de l'existence honnête qu'il leur est faite, inquiètes, désespérées, déconcertées devant les terrifiantes iniquités sociales, écœurées, révoltées, voulant vivre et jouir quand même ; elles ne prendraient pas la prostitution pour un refuge sauveur. Pour avoir de l'argent, elles ne se loueraient pas au premier passant, ne frauderaient pas leurs caresses, ni leurs étreintes après avoir, par des promesses de voluptés, soutiré le plus d'argent possible à leurs amoureux d'un moment, elles ne se jetteraient pas bestialement sur un lit en disant : « Tiens, voilà le plat de viande, sers toi ! » Elles n'enlèveraient pas au travail des millions de jeunes hommes dont elles font leurs amants de cœur. Elles ne pousseraient pas leurs souteneurs à commettre de nombreux méfaits, auréolés de lâches forfaits. Elles ne serviraient plus les coupables desseins des meneurs de nations. Ces inconscientes ne serviraient pas d'instruments d'appauvrissement et d'avilissement, bien au contraire, ces ex-louables ouvrières, vraiment dignes du bien-être, seraient soutenues dans leur dignité et dans leurs droits par le gouvernement. Leur salaire ne pouvant jamais être inférieur au minimum de celui fixé pour les hommes, comme elles pourraient toujours trouver du travail, qu'elles n'auraient ni pharmacien, ni médecin à payer, qu'elles seraient certaines que par la persévérance dans le travail, elles pourraient, dans un laps de temps relativement court, devenir de véritables rentières, vivre bourgeoisement dans l'oisiveté et dans l'agrément; que les fils de millionnaires ne sont pas plus riches que les fils d'ouvriers; et qu'elles pourraient trouver dans les uns comme dans les autres les qualités qu'elles recherchent dans les élus de leur cœur; il leur serait facile de résister aux tentations malsaines, aux propositions odieuses et d'observer respectueusement les règles de l'honnêteté et du devoir.

Je sais qu'il y a des femmes, et cela quelle que soit leur position sociale, qui aiment, sans y être contraintes par l'indigence, à se vautrer dans les plaisirs charnels toujours inassouvies. Contre ces créatures amoureuses et voluptueuses à l'excès, on ne peut rien si elles s'acquittent de leurs devoirs vis-à-vis de la société. Pour cette catégorie de femmes je ne vois aucun inconvénient à les laisser libres d'agir comme bon leur semble, en tant qu'elles ne violent pas les règlements de police, qu'elles ne vendent pas leurs provocants sourires et leurs suaves caresses.

Nous n'avons pas plus le droit de nous occuper des différentes façons dont elles assouvissent leurs appétits charnels que nous n'avons le droit de nous occuper du choix des denrées alimentaires qu'elles font entrer dans leur estomac.

L'amour sensuel n'a ni lois, ni principes, il est sourd, aveugle et insensé, il est tout à lui, il ignore tout et se moque de tout : convenances, conventions, différences, religions, politique, richesse, misère, etc., etc., sont inconnues pour lui. Il se glisse dans les cœurs, les accouple sans se préoccuper des différentes qualités et positions sociales. Il est volage et variable, se plaît là seulement où les caractères sympathisent. Il fait parfois aimer ce que la raison ordonne de mépriser, il trahit parfois nos espérances de bonheur par la possession de l'être aimé. Il fait parfois aimer temporairement ce que l'on avait juré d'aimer éternellement. Les amours, à leurs commencements, sont souvent tout feu tout flammes ; elles sont infiniment agréables et captivantes, parce qu'elles représentent l'inconnu, c'est-à-dire l'espérance ; puis petit à petit des déceptions, des imprévus naissent et obscurcissent les brillantes amours de l'aurore.

Devant les effets avérés de la concupiscence, devant le droit au bien-être du monde travailleur, devant la nécessité de créer l'économie du travail, afin que chaque membre de l'humanité travaille le moins longtemps possible et puisse vivre bourgeoisement le plus tôt possible, devant la volonté éternelle et universelle du monde laborieux (laquelle consiste à ne pas vouloir travailler pour nourrir, habiller, loger, véhiculer, les personnes adultes et oisives, qui manquent de délicatesse, de civilisation, de fraternité, de savoir, de cœur et de courage, pour rendre aux nobles et francs travailleurs ce que ceux-ci leur donnent par leurs travaux. Le travail, pour chacun de nous, doit procurer la liberté de faire ce que nous voulons tant que nos actes ne nuisent pas à autrui. En conséquence, si nous ne refusons pas de nous honorer par le travail, si nous ne glorifions pas l'improductivité, nous devons avoir droit au mariage, au divorce, au célibat, au concubinage, aux amants et aux maîtresses. Nous devons avoir le droit de faire ce que nous voulons de notre œuvre de chair, et de satisfaire nos passions charnelles comme nous l'entendons.

Les personnes mariées doivent avoir le droit d'octroyer des licences réciproques, et de façonner leur vie commune comme bon leur semble.

Gardons-nous de blâmer la conduite d'un ménage qui s'acquitte de ses devoirs envers la société. Souvenons-nous que l'œuvre de chair est un organe mystérieux qui peut lui aussi être ou devenir défectueux, qui, semblable aux autres organes de notre individu, peut chez certains d'entre nous avoir un mauvais fonctionnement.

Au nom de la justice sociale nous devons préserver la femme d'être contrainte, d'avoir recours à ses charmes pour se procurer les nécessités de l'existence. Au nom du bonheur commun, nous devons éviter que la femme fraude ses amours. Nous devons la mêler le moins possible à nos travaux extérieurs. La femme est faite pour aimer, être aimée, et pour devenir une travailleuse qui s'occupe perpétuellement des travaux intérieurs du ménage. En conséquence, voici quel doit être le rôle des principes sociaux qui doivent protéger la femme.

Les femmes-mères, non mariées, abandonnées à elles-mêmes, exerçant une profession ne permettant pas l'élevage des nouveau-nés, devront les confier au gouvernement, lequel devra avoir de spacieux établissements, spécialement construits et aménagés pour l'élevage des bébés. Quant à celles qui pourront les élever elles-mêmes, ou qui pourront avoir recours à des parents ou à des amis, elles recevront du gouvernement deux francs par jour pour chaque enfant. Pour celles qui auront plusieurs enfants en bas âge et qui voudront elles-mêmes s'occuper des soins de leurs enfants, elles pourront se dispenser de toute occupation rémunérée par autrui, et recevront du gouvernement trois francs par jour pour leur propre personne; en outre, elles seront, par le gouvernement, considérées comme étant de braves travailleuses qui auront, elles aussi, droit à la rente de leurs parts de biens naturels.

Les filles-mères qui n'élèveront par elles-mêmes leurs enfants, devront produire quelque chose d'utile pour la société.

Les femmes mariées élevant un ou plusieurs enfants et s'occupant des soins du ménage, seront, par le gouvernement considérées comme des ouvrières, et comme telles, pourront, avec le nombre des années voulu, avoir droit à l'usufruit de leurs parts de biens naturels.

Les femmes mariées qui n'auront pas d'enfants devront, pour

mériter la rente de leurs parts de biens naturels, produire quelque chose d'utile pour autrui. Il en sera de même pour les femmes non mariées qui resteront demoiselles.

Les femmes mariées ayant enfants, dont les maris sont des salariés, recevront du gouvernement un franc par jour et par enfant.

Les femmes veuves seront héritières de la totalité des propriétés de leur mari, et cela sans que le gouvernement ait le droit de faire le moindre fisc. Il va s'en dire que le cas sera réciproque pour les hommes veufs.

Pour les personnes qui se remarieront, et qui mourront avant les personnes avec lesquelles elles se seront remariées : tous les biens qui excèderont une valeur de cent mille francs, deviendront la propriété du gouvernement. Mais les veuves ou les veufs auront droit les premiers aux faveurs d'héritage.

Les femmes mariées dont les maris auront une belle position sociale pourront, si elles le veulent, se dispenser de tous travaux, et même avoir des serviteurs pour s'occuper des soins et des besoins de leur ménage.

Ah ! s'il en était ainsi, il est certain que la société ne serait plus souillée par les turpitudes écœurantes de la prostitution. La science morale se trouverait souverainement fortifiée. Les règles du bien seraient beaucoup plus faciles à observer. Les mœurs seraient superlativement purifiées. La santé qui est la base de notre bonheur serait considérablement améliorée. Le genre humain serait plus fort, plus sain et plus gai.

Au nom de la justice et de l'égalité suprême, au nom de la toute puissance des sciences, il faut abolir la traite de la femme !

En supprimant la prostitution nous supprimerons un grand mal !

Police et Châtiment.

Le droit de la police, c'est d'être la force qui fait observer les lois. Elle doit être le bras du gouvernement qui corrige et fait marcher droit. Elle doit être tout entière au service du Bien ; tous ses actes doivent se faire en pleine lumière. Elle doit être sévère et prépondérante. Elle doit être la justice mise en action. Elle ne doit plus commettre l'action criminelle de frapper, de tuer des ouvriers qui réclament du travail, qui implorent du pain pour leurs enfants. Elle ne doit, ni terroriser, ni supplicier ceux qu'elle doit protéger.

Le rôle principal de la police est de s'assurer que tous les humains vivent par des moyens honnêtes et légaux. En conséquence, voici comment elle doit s'y prendre pour s'acquitter de cet important service d'ordre, d'équité et de sécurité. — Dans toutes les parties du monde où il y a des humains, et suivant l'importance des agglomérations et de l'étendue des pays, elle doit disposer d'un nombre d'agents proportionnel aux fractionnements des territoires à surveiller ; campagnes, villages, villes, pâtés de maisons, maisons, caves, cachettes rien ne doit échapper à ses investigations. Il faut qu'elle s'organise de telle façon

qu'aucune créature humaine ne puisse se soustraire à sa surveillance, ni ne puisse vivre en usant de moyens illicites ou in-
famants, ni même en exerçant des métiers équivoques, il faut
qu'elle puisse trouver les supects qui cherchent à se soustraire à
leurs devoirs sociaux, autrement dit à ne pas accomplir leurs
parts de travaux honnêtes et profitables au bien-être de tous.
Par conséquent, il faut qu'elle ait le droit de pénétrer quand
bon lui semble dans les somptueuses comme dans plus les humbles
demeures, pour d ⸱⸱nder aux habitants leurs moyens d'existence, pour s'assure. et se convaincre, par des enquêtes et des
preuves incontestables, s'ils sont oui ou non des honnêtes gens,
s'ils méritent la liberté et le respect. Il faut qu'à tous nouveaux
venus, elle demande d'où ils viennent, qui ils sont et quels
sont leurs moyens d'existence. Si après la vérification de leurs
déclarations, il est reconnu qu'ils sont honnêtes, elle les laissera
libres, et cette liberté au su de leurs voisins équivaudra à un
certificat d'honorabilité. Si, au contraire, la police a des preuves
que ce sont des gens qui pour vivre ont recours à la mendicité, à
la religion, au jeu, à la prostitution, à l'escroquerie, au vol etc.,
elle leur enlèvera immédiatement la liberté. Mais pour le cas ou
elle n'aura pu recueillir des preuves suffisantes pour pouvoir
prouver leur parasitisme, elle les tiendra en suspicion, elle aura
l'œil sur tous leurs agissements et les laissera en liberté provisoire,
si toutefois ils peuvent lui montrer assez d'argent pour pouvoir
vivre durant huit journées. Tous les huit jours, elle devra faire
cette visite inquisitoriale, et si après un trimestre de cette ma-
nœuvre de sûreté, les suspects continuent à vivre en ne faisant

rien d'utile pour leurs semblables, fussent-ils fils de millionnaires, elle les obligera de droit à se livrer au travail ; s'ils s'y refusent, elle leur enlèvera la liberté. Et comme captifs, elle leur fera exécuter des travaux avec les millions de jeunes hommes qui seront chargés de défendre la patrie de l'humanité; s'ils récidivent, elle leur fera exécuter des travaux de mineurs ou autre travaux pénibles, malpropres et dangereux ; s'ils refusent, elle les enfermera dans un local, dans l'angle duquel elle aura préalablement jeté de la paille, et dans l'autre, elle aura dressé une belle table chargée d'appétissantes victuailles, ainsi qu'un couvert mis à l'instar de ceux que l'on admire dans les grands hôtels. Le milieu du local sera séparé par une solide barrière qui les empêchera d'aller manger les alléchants aliments tant qu'ils n'auront pas accompli une dure et utile besogne quelconque. De telle sorte que, s'ils persévèrent dans leur refus, ils meurent de faim à côté de succulentes denrées alimentaires, autrement dit qu'ils se tuent eux-mêmes par l'inanition.

Tel serait le système du châtiment suprême que la justice appliquerait aux purs parasites.

Voilà comment la police pourrait prévenir la généralité des méfaits et des crimes.

Voilà comment la police serait réellement forte et bienfaisante.

Voilà le beau langage qu'elle pourrrait tenir à ces parasites intransigeants : Puisque vous vous obstinez à ne vouloir rien faire de bien pour vos semblables, ceux-ci, qui ne sont pas vos esclaves, entendent ne rien faire de bien pour vous. D'après votre exemple, ils refusent de vous faire du pain, des vêtements, de la literie, etc. etc. Vous avez la sauvagerie de vouloir vivre à leurs dépens, eux ont le droit et la sagesse de se défendre et de vous refuser la liberté par mesure préventive contre vos desseins fratricides.

Vivez maintenant si vous le pouvez !

Trompez ! escroquez ! volez ! cambriolez ! faites les apaches si vous le pouvez ! Quant à moi qui ne suis que l'exécutrice des justes et souveraines volontés des honnêtes gens, je refuse de vous donner la liberté.

Le travail, c'est la liberté ! c'est la vie !
La paresse c'est la captivité ! c'est la mort !
Travailler ! ou mourrir !
Choississez !
C'est la seule liberté que je puisse vous accorder.

Oh ! je sais bien que si parfaite que soit l'organisation sociale, il restera toujours des malfaiteurs naturels, c'est-à-dire, ceux qui sans y être conseillés par la misère obéissent inconsciemment à un instinct secret qui les pousse vers le mal. Si la société ne peut rien pour ramener cette catégories d'humains au Bien, elle a du moins le devoir de dégager sa responsabilité, et le droit de se défendre contre eux par des principes de police et de châtiments.

Elle doit les châtier proportionnellement au mal qu'ils font, et cela de telle manière qu'ils fassent le Bien malgré eux.

Or pour qu'il en soit ainsi voici un aperçu des principes que je propose. Par exemple, un malfaiteur vient d'être fait prisonnier par la police. Il a été prouvé qu'il s'est rendu coupable d'un vol de mille francs. Voici ce que fera le gouvernement, ce gardien responsable de la paix, de la sécurité et des propriétés individuelles commencera par rembourser intégralement la somme volée, ensuite par l'intermédiaire du ministère de la justice il dira au voleur : — Vous m'appartenez et je ne vous rendrai pas la liberté tant que vous ne m'aurez pas remboursé les mille francs que je viens de donner à votre victime. Que vous ayez des biens ayant une valeur supérieure ou inférieure à la somme que vous avez volée, peu m'importe, mais sachez que vous avez la faculté de vous servir de vos propres richesses pour me rembourser, ou celle de conserver intact tous vos biens. Si vous voulez conserver tous vos biens, il sera fait selon votre désir, mais dans ce cas, c'est sur le fonctionnement des membres de votre propre individu que je vais me payer. Je m'en vais donc vous faire accomplir tant de journées de travail à raison de six francs. Sur ces six francs je vais faire un prélèvement de deux francs pour vos frais de nourriture, de couchage, d'entretien, etc. C'est donc quatre francs par jour que vous me rembourserez. Or, comme vous me devez mille francs, c'est donc 250 journées de travail que vous me devez. En conséquence, considérant que vous êtes devenu ma chose je m'en vais vous faire diriger sur telle mine ou telle usine ou chantier m'appartenant afin de vous obliger à payer votre dette, et que le travail utile assainisse votre esprit, prépare votre cœur au repentir et vous conduise à la réhabilitation. Naturellement si vous refusez de vous livrer au travail, on vous refusera toute nourriture, et tout chaud vêtement ; mais par contre, on vous accordera la sublime liberté de mourir de faim ou de froid.

Autre exemple : si un malfaiteur attaque, blesse et dévalise un passant, le gouvernement aura charge d'indemniser la victime. Mais si la somme volée est supérieure à cinquante francs, la victime devra fournir des preuves à l'appui, sinon il ne lui sera accordé qu'une restitution de cinquante francs. Si la victime est un salarié et qu'elle reste un mois malade avant de pouvoir reprendre son travail, c'est un mois de son salaire que le gouvernement aura à lui payer. Quant aux frais de pansements des blessures il va s'en dire qu'ils incomberont au gouvernement. D'autre part, son mois de maladie lui sera compté comme si elle n'avait pas chômé, il sera à valoir sur le temps qu'elle devra travailler pour avoir droit à l'usufruit de ses parts de biens terrestres et absolument comme si elle n'avait jamais été la victime d'un lâche attentat.

Quant au scélérat qui aura accompli cet acte criminel, s'il est pris, il sera détenu et condamné à travailler dans les mines, ou à d'autres travaux similaires pendant autant de temps qu'il faudra de fois quatre francs pour représenter le numéraire que le gouvernement aura donné à la victime. Il sera en outre condamné à subir des souffrances corporelles proportionnées à celles qu'il aura causées à sa victime.

Voilà le meilleur moyen de faire comprendre à ces odieux personnages, qu'il ne faut jamais faire aux autres, ce que l'on ne veut pas qu'il vous soit fait.

Autre exemple : si un malfaiteur allume un incendie, ce sera encore le même système, il sera toujours captif et contraint de travailler le temps nécessaire pour réparer le préjudice qu'il aura causé. Si celui-ci s'élève à dix mille francs, il devra fournir 2 500 journées de travail ; s'il s'élève à 100 000 francs il devra fournir 25 000 journées de travail, ainsi de suite. Quand son existence ne sera pas suffisamment assez longue pour lui permettre de réparer son œuvre criminelle, il sera condamné aux travaux forcés à perpétuité et le gouvernement aura, en outre recours à ses biens.

. Si son entreprise criminelle a causé mort d'humains, il sera non seulement condamné aux travaux forcés à perpétuité, et à la confiscation de ses biens, mais encore à subir périodiquement des supplices corporels proportionnés à l'importance de son forfait.

Quant à la personne incendiée, elle sera, après expertise, dédommagée par le gouvernement.

Voilà comment les hommes doivent s'y prendre pour circonscrire la puissance du mal.

Voilà comment on pourra faire exécuter, par les détenus, des travaux utiles au bien-être général sans pour cela abuser des prisonniers en les faisant travailler presque pour rien à la fabrication de mille choses industrielles, qui par leurs bas prix de revient viennent, en outre, faire une concurrence déloyale au commerce et à l'industrie privés, sans pour cela nuire aux travaux des travailleurs libres. Au contraire, les détenus par leurs travaux deviendront bienfaisants en ce sens que les travaux qu'ils exécuteront pendant leur captivité ne leur seront pas compté pour eux-mêmes, c'est-à-dire qu'ils ne pourront pas les faire valoir pour avoir droit à l'usufruit de leur part de biens naturels et qu'ainsi ils contribueront à faire réduire le temps que les honnêtes salariés devront travailler pour mériter la rente de leur part de biens terrestres.

C'est par un tel régime de châtiments que la récidive sera réduite à son minimum, que beaucoup de scélérats s'ils n'ont pas l'âme entièrement pourrie cesseront d'être des parasites malfaisants pour devenir des hommes de bien, d'ordre et de travail. Il leur sera facile de remonter la pente fatale ; le travail honnête ne faisant jamais défaut, pour être des hommes de probité et d'estime, ils n'auront qu'à le vouloir, car grâce à mes principes sociaux la misère, la hideuse misère ne serait plus la principale pourvoyeuse des prisons, des bagnes et des échafauds Les longues colonnes des journaux seront beaucoup moins noircies par les désolantes narrations des faits divers, des désordres sanglants, des morts tragiques, des drames et des meurtres terrifiants, des assassinats et des massacres monstrueux.

Prenons opinion de ce régime de sécurité, de punition, de réparation et de consolation, il est le seul qui laisse place au repentir et à la réhabilitation, le seul qui protège réellement la société. Malgré sa rigueur, c'est de tous les régimes le plus équitable et le plus humain. C'est le seul qui soit conforme aux exigences des droits de l'homme.

Religion et Travail.

Depuis les temps les plus reculés l'exécution du travail a toujours été une question insoluble. Seules les règles de l'iniquité, de la tromperie et du carnage ont jusqu'à ce jour donné l'illusion de la solution de ce fameux problème. L'absence de moyens justes, fraternels et immuables, capables de faire socialiser l'humanité tout entière pour l'exécution du travail et pour la satisfaction du bien-être qu'elle recherche, a toujours été la cause de son insolubilité.

C'est précisément cette fatale absence de moyens, qui de tout temps obligea les fondateurs de civilisations à créer des systèmes de religions. En effet, n'ayant pas les sciences exactes à leur disposition, n'ayant rien d'assez fort pour lutter contre les grandes calamités; étant mal armés pour faire observer les lois, les décisions et les conventions, ils eurent recours à la science fictive des dieux et des cultes divins. Ils se firent théologiens, créèrent des dieux, inventèrent des histoires mystiques, des fictions, des transmigrations, des immortalités, des paradis, des enfers, etc., etc., dans l'admirable but de suggérer une crainte salutaire aux populations, autrement dit de les conduire plus aisément vers le travail, vers le bien-être, vers la fraternité.

C'était très bien pour ces époques primitives, ces conducteurs de peuples étaient bien inspirés, ils avaient le droit de se servir du mensonge, de la ruse et de la force pour subjuguer les peuples et pour conjurer les épouvantables fléaux qui décimaient l'humanité. Ils avaient le droit d'être fiers de leur sagesse et de leurs actions.

Mais à l'époque où j'écris, nos meneurs de nations ont-ils le droit de continuer à user des mêmes moyens civilisateurs ? Ont-ils encore le droit de faire le mal pour éviter un mal plus grand ? Non ! assurément non ! Les sciences positives, l'encre, le papier, l'imprimerie, le livre, les journaux, la mécanique, l'électricité, les écoles, l'organisation administrative des ministères et des polices, la force vitale des lois leur enlèvent ce droit primordial et les laissent sans excuses.

Aujourd'hui des sciences aussi vraies, aussi grandes et aussi invariables que le sont les lois de la nature nous fournissent des moyens de sauver l'humanité tout entière, sans pour cela qu'il soit nécessaire d'avoir recours aux inventions fabuleuses des religions, ni à l'exploitation des effets étonnants et des causes déconcertantes qui ont créé l'univers, ni aux subterfuges, ni aux forces violentes. La grandeur de ma doctrine le prouve surabondamment.

Au nom de l'impossibilité de pouvoir prouver qu'il existe ou qu'il n'existe pas un ou plusieurs dieux, au nom de l'égalité des droits de l'homme, au nom de l'activité que tous les humains déploient pour obtenir le plus de bien-être possible; au nom de l'accomplissement du travail et de la défense du sol nous ne devons plus tolérer que des humains vivent impunément de l'exploitation de leurs idées théologiques. Nous ne devons plus accepter que des humains ne produisent rien d'utile pour leurs semblables sous le prétexte qu'ils s'adonnent au culte d'une croyance quelconque.

L'idée religieuse doit être libre pour tous, chaque membre de l'humanité doit avoir la faculté de penser librement ce qu'il veut sur la cause ou les causes créatrices de l'univers.

Nous ne devons plus tolérer que des hommes se constituent en congrégations, en compagnies, ou autres collectivités pour enseigner, propager et exploiter des choses dont ils ne peuvent prouver l'existence.

Nous ne devons plus vouloir que le gouvernement autorise, reconnaisse et soutienne pécunièrement des cultes religieux.

Nous devons considérer les religions comme étant des berceaux où viennent grandir les civilisations naissantes, mais qui nécessairement doivent être mis amoureusement de côté dès que les civilisations ont suffisamment grandi.

Aujourd'hui nous n'avons plus besoin de ces respectables berceaux. La sublimité de ma doctrine donne à l'humanité un vrai Dieu, un Dieu véritablement juste et bon.

Ce Dieu positif ne sortira pas des profondeurs incommensurables de l'espace, ni des mystérieuses machinations humaines, mais tout simplement du gouvernement. C'est lui qui, par nos conventions sociales et par la progression infinie des sciences, symbolisera la Toute-Puissance d'un être suprême qui s'occupe de tout ; d'un Être infiniment bienfaisant, d'un Être universel, éternel et immuable, d'un Être qui voit tout, qui sait tout, qui récompense les bons sujets et punisse les mauvais, d'un Être qui s'occupe de la conservation des biens de tous et de chacun, d'un Être qui a le sublime pouvoir d'un Dieu exempt de tout mystère, qui ne fasse rien que de très compréhensible, qui ne fasse pas souffrir ceux qui ont le plus de qualités, qui ne condamne pas au labeur perpétuel les honnêtes travailleurs, qui ne mette pas des centaines de mille hommes en présence pour les faire s'entretuer, qui ne permette pas que des millions d'humains soient enlevés aux travaux indispensables pour s'occuper uniquement de son culte ou de la propagande de ce qu'il n'a jamais dit, jamais fait, qui ne tolère pas que des humains pactisent secrètement pour s'emparer de son sublime pouvoir, qui ne veuille pas que des millions d'ouvriers soient constamment occupés à lui construire d'immenses et de somptueux édifices, ou à fabriquer une multitude de choses qui ornent les églises, les temples, les couvents, ou qui servent à l'exploitation de ses faveurs et de ses grâces, d'un Dieu qui signifie à l'humanité que le travail et l'obéissance à ses lois constituent le plus grand hommage que l'on puisse lui faire. Que pour lui le travail et l'observance de ses commandements symbolisent des prières, des adorations, des implorations qui lui sont infiniment agréables, et que ses faveurs sont acquises d'avance aux sujets les plus studieux, les plus intelligents, les plus vertueux, les plus laborieux et les plus entreprenants. Que les rigueurs de son courroux sont dévolues d'avance aux sujets les plus malhonnêtes et les plus paresseux, d'un Dieu en qui tout le genre humain croira et aimera parfaitement.

L'essence de ce Dieu existe dans l'harmonie des sciences. Les sciences, ce sont les hommes qui les ont créées, elles nous appartiennent, elles sont à notre service. C'est donc nous qui devons savoir nous en servir pour obtenir la sublime puissance qui sauvera l'humanité tout entière.

Instruction, Langue universelle, Secours, Charité.

———

L'instruction est une lumière qui doit guider et aider l'homme à se diriger et à se maintenir dans la voie du bien et du devoir. L'instruction, c'est comme tant de choses, elle est bonne ou mauvaise. La politique ayant vécu l'instruction ne servirait plus à diviser les hommes, ni à fausser leur jugement, les uns ne prendraient plus le bien pour le mal, et les autres le mal pour le bien.

Tous les humains doivent recevoir une saine et même instruction, hormis, bien entendu, ceux qui, pour exercer certaines professions, auront besoin d'avoir des connaissances spéciales ou supérieures. On apprendra à tous les enfants comment ils doivent se comporter dans la grande société humaine, ils devront connaître ses origines, ses causes, son organisation, ainsi que toutes les principales lois constitutionnelles. Ils devront également connaître l'histoire de la nature et de l'humanité. Ils devront être très instruits sur les causes du patriotisme universel et sur toutes les causes qui nécessitent le travail. On leur expliquera avec un soin jaloux et constant l'amour et le respect du travail auquel nous devons tous collaborer. En un mot, on leur apprendra à aimer le travail comme présentement on leur apprend à aimer le drapeau des champs de bataille.

Tous les enfants devront aller à l'école jusqu'à 15 ans.

Le gouvernement doit avoir le monopole des écoles, lui seul doit avoir le droit d'instruire la jeunesse.

La nécessité des nations n'ayant plus sa raison d'être, la barrière que la diversité des langues met entre les peuples n'aura plus sa raison d'exister.

Tous les humains doivent parler le même langage.

Tous les idiomes du monde doivent tomber en désuétude comme de vulgaires patois.

La fraternité n'étant plus un vain mot ; tous les humains qui seront infortunés et qui auront une ou plusieurs infirmités les rendant incapables de fournir un travail utile à leur prochain, seront secourus par le gouvernement. Paternellement, ils les groupera dans des maisons spéciales qui seront pourvues de tout ce qu'il lui sera nécessaire pour adoucir leur triste sort. Cela vaudra infiniment mieux je crois que de les laisser se traîner à travers nos rues et nos campagnes en implorant la charité des passants, et en provoquant de pénibles impressions.

Toutes charités individuelles ou collectives doivent être rigoureusement interdites et même punies, elles doivent être considérées comme étant une faute grave au bon ordre et au bon droit social, en ce sens que le plus souvent, elles entretiennent des individus vicieux ou paresseux à l'état de personnages dangereux, ou à l'état de parasites; c'est-à-dire que les gens méprisables qui voudraient essayer de vivre quand même par la charité, aux dépens de ceux qui travaillent honnêtement ne pouvant plus prétendre qu'ils sont sans travail, qu'ils ne peuvent trouver d'ouvrage, ou qu'ils ont telle ou telle infirmité alors que cela n'est pas seraient aussitôt démasqués. Ces véreux, ces fauteur.., ces détrousseurs, ces souteneurs, ces cambrioleurs, etc., seraient vite pris et châtiés. Car c'est bien de cette pépinière que sortent les enfants du désordre, du vol et du crime. Il est donc aisé de comprendre que tout bon citoyen qui verra un de ces faux frères implorer la charité publique aura pour devoir de le faire appréhender par la police.

Liberté.

————

Etant donné qu'il y aura toujours des humains de qualités, de sentiments, de caractères et de passions différentes, nous devons vouloir que chacun de nous ait la liberté de vivre comme bon lui semble en tant qu'il ne porte pas préjudice à autrui, qu'il n'a pas recours à des moyens licites. Il faut que les personnes sobres qui professent des goûts simples, qui aiment l'indépendance et les douces flâneries, qui sont indifférentes au luxe et au confortable, qui n'ont aucune ambition élevée, qui aiment à dépenser leur argent au fur et à mesure qu'elles le gagnent, aient la liberté de pouvoir jouir quand il leur plaît des fruits de leurs labeurs et de leurs économies. Il faut qu'elles aient la faculté de s'acquitter de leur part de travail, par un travail intermittent ou continuel. C'est à elles qu'il appartient de prendre l'initiative des âges où elles pourront avoir le droit de toucher les rentes provenant de leur part de biens naturels. De telle sorte que plus elles chômeront, plus elles devront vieillir pour obtenir l'usufruit de leur part de biens terrestres.

Mais il va sans dire que les personnes, qui useraient du système intermittent pour se libérer de leur part de travail social, seraient l'objet d'une surveillance étroite et constante de la part de la police. On conçoit que le devoir de la police en cette occurence serait de s'assurer aussi fréquemment qu'elle le jugerait nécessaire de l'honnêteté de leurs moyens d'existence.

Au nom de la liberté, il faut que les humains studieux, intelligents, actifs, travailleurs, entreprenants, esthétiques, friands, aimant le beau, le bon et le bien-être supérieur puissent réaliser leurs nobles et saines aspirations. Il faut qu'ils puissent garder pour eux tous les fruits de leurs labeurs, de leurs qualités et de leur persévérance. Il ne faut pas que, sous prétexte d'impôts, de religion, de patrie, de charité, de solidarité, ils soient contraints de partager avec autrui. Il faut au contraire les laisser s'enrichir autant qu'ils le veulent. L'immortalité du gouvernement et la mortalité individuelle fera tout rentrer dans l'ordre et dans le droit. Chacun doit travailler pour soi et pour les siens. Nul ne doit travailler pour les fainéants. Car si le partage des fortunes individuelles était obligatoire, ce serait la destruction de la liberté, de l'égalité et de la fraternité. Il n'existerait plus rien pour stimuler, pour récompenser le courage des gens de qualités. Il est clair que ceux-ci, écœurés, prendraient vite la vie en dégoût et cesseraient tout travail. Ce serait dès lors le triomphe de la paresse, de la débauche, de l'improductivité et de l'anarchie.

Egalité.

Considérant que les humains naissent égaux ;

Considérant que parmi les enfants des millionnaires, comme parmi les enfants des salariés, il y en a de toutes qualités et de tous degrés intellectuels ;

Considérant que tous les humains doivent collaborer aux labeurs sociaux, c'est-à-dire produire quelque chose d'utile pour leurs semblables ;

Considérant que plus il y aura d'humains pour l'exécution des travaux que nécessite l'existence du genre humain, moins long sera le temps que chacun de nous devra consacrer au travail, plus vite les salariés auront droit à la jouissance de l'usufruit de leurs parts de biens naturels ;

Considérant que, pour obtenir le bien-être supérieur, il est nécessaire qu'il y est des sciences, des arts, des métiers, des travaux collectifs, des ouvriers et des patrons ;

Considérant que tout le monde ne peut être patron ; que le plus grand nombre sera toujours celui des salariés ;

Considérant que les exploitants d'un commerce, d'une industrie, d'une culture, etc., seront les seuls à qui il sera possible

d'acquérir de grandes fortunes, autrement dit, de devenir les dé-
tenteurs autorisés d'un certain nombre de parts de biens terrestres qui en vertu des droits de l'homme appartiennent en vérité
aux enfants, aux salariés, en un mot à tous les humains qui ne
possèdent pas toutes leurs parts de biens terrestres ;

Considérant que les grandes fortunes doivent être anéanties
dès que meurent ceux qui les possèdent, pour devenir immédiatement les possessions du gouvernement, lequel vendra ou louera
lui-même au public, pour le plus grand profit des vétérans du
travail ;

Considérant que si riche que puisse être un homme, jamais il
ne pourra se défaire au profit de ses enfants ou de toute autre
personne des biens qu'il a su s'approprier ;

Considérant que les grandes fortunes sont une faveur, une récompense civique qui est sienne et qui doit cesser avec la vie ;
que l'homme fortuné, semblable à un homme décoré d'une mé-
daille, ne doit pas avoir le droit de transmettre, de donner à
d'autres ce que lui seul a mérité ;

Considérant que l'amour de la famille peut pousser certains
fortunés à détourner au profit de leurs enfants les biens naturels
d'autrui qui leur sont concédés temporairement, c'est-à-dire pour
la durée de leur propre existence ;

Considérant que les fortunés qui constitueront (à l'insu du
gouvernement) de fortes valeurs en numéraires dans le but de
faire une vie facile et oisive à leur progéniture doivent être considérés comme des voleurs, des traîtres au pacte social ; en donnant à leurs descendants des richesses qui ont été conventionnel-

lement abandonnées par les salariés, afin que ces derniers puissent aller travailler dans les fabriques, dans les usines, dans les ateliers, etc. ; ils deviennent des malfaiteurs, car ils n'ont pas le droit de donner le bien qui appartient à autrui et qu'ils possèdent par pure tolérance, par pure nécessité sociale;

Considérant qu'il est juste et légitime que nous nous défendions contre les malfaiteurs et contre la possibilité des actes perturbateurs, je déclare que nul n'a le droit de faire mener une vie oisive et prodigue à des personnes valides et adultes. Un père n'a pas le droit d'élever ses enfants pour en faire des êtres qui vivent aux dépens du travail des autres, sans qu'ils travaillent jamais pour les autres.

Nous devons avoir la volonté de faire tout notre possible pour détruire les sinécures et les parasites.

Pour qu'il en soit ainsi, voici ce que je propose ! Toutes les personnes vivant isolément ou en famille, qui atteindront leur vingt-cinquième année sans avoir cessé de vivre aux dépens des besognes d'autrui se verront non seulement refuser tout revenus des sommes d'argent qu'elles pourraient avoir déposées dans les banques du gouvernement, mais encore confisquer toutes leurs valeurs matérielles et financières, de telle sorte qu'elles seront totalement dépouillées de leurs biens. Nous devons vouloir qu'elles se trouvent dans le même cas qu'un adulte qui serait hypothétiquement mis en possession de toutes ses parts de biens terrestres et qui ne voulant pas se donner la peine de les ouvrager se verrait dans sa solitude en butte à toutes les privations, à toutes les souffrances morales et physiques et qui, telle une bête, ne pourrait fuir la mort qu'en mangeant **des fruits sauvages**, des racines et de chairs crues.

Tous les insoumis au travail après avoir été dépouillés de tous leurs biens, seront immédiatement livrés à la progression des châtiments que subiront tous ceux qui refusent de travailler.

Avec l'application de ce principe aussi juste que sévère, que deviendra la soi-disant bonté des parents fortunés qui pour éviter à leurs enfants les ennoblissantes sueurs du travail cacheront une grande quantité de pièces monétaires? A quoi leur servira de voler l'argent qui représente les biens naturels des salariés? Ne pensez-vous pas comme moi que cette action de soi-disant bonté aura des effets tout contraires! Ne pensez-vous pas qu'en élevant leurs enfants dans le mépris du travail ils les exposeraient aux dégradations les plus humiliantes, aux déceptions les plus amères, et aux captivités les plus cruelles, ne pensez-vous pas que, devant des résultats aussi désastreux, la bonté des parents se trouverait contrainte de prendre une autre direction, et qu'elle conseillerait aux parents d'élever leurs enfants dans l'amour du travail, et dans la science de savoir conserver les richesses acquises.

D'autre part, les grandes fortunes n'étant accessibles qu'aux gens studieux, laborieux, entreprenants et persévérants, on peut être certain qu'ils feront tout leur possible pour communiquer à leurs enfants toutes leurs connaissances et capacités, afin qu'ils puissent suivre leurs traces.

Dans ces conditions, les enfants qui refuseront de se livrer au travail seront le plus souvent les fatales victimes des déconcertantes lois de la nature, de cette mystérieuse et souveraine nature qui n'a cure de se soucier des lois humaines et des richesses individuelles, qui fait naître aussi bien dans les familles fortunées que dans les familles infortunées des enfants de basses qualités qui deviennent des hommes de non valeur.

Par l'application de mes principes sociaux, on conçoit que les hommes de non valeur, quoique fils de millionnaires, ne pourraient pas beaucoup profiter des avantages que procure la richesse de leurs parents. Force leur serait d'exercer une profession plus ou moins facile, plus ou moins pénible pour pouvoir conserver leurs prérogatives, leurs biens et leur liberté.

Comme on le voit tout individu réfractaire au travail, qu'il soit fils de millionnaire ou fils de salarié ne pourrait vivre aux dépens du monde travailleur.

Mais, j'aime à croire que, lorsqu'on fera pour le travail ce que l'on fait actuellement pour le drapeau national, les paresseux fieffés seront superlativement rares.

Quoi que l'on fasse, et nonobstant les plus beaux discours, les preuves les plus irréfutables, et les démonstrations les plus probantes pour bien faire pénétrer dans l'esprit des millionnaires qu'ils n'ont pas le droit de disposer de plus de cent mille francs en faveur de leurs enfants, il y en aura toujours qui, par tendresse pour leurs enfants, commettront sans scrupules le méfait de tenir secrètement cachées des espèces sonnantes en quantités plus ou moins considérables.

Mais, si paradoxal que cela puisse paraître, il ne faut pas croire que cela constitue un cas assez grave pour annuler la possibilité de ma doctrine. En vérité, cet obstacle est plus apparent que réel, car on peut le faire disparaître comme par incantation. Voici comment ! — S'il est vrai que jamais on ne pourra empêcher des gens de cacher leur or dans les entrailles de la Terre, ou dans tout autre endroit ignoré, il n'en est pas moins vrai que par la vertu de la pratique de ma doctrine, nul humain adulte et valide ne pourra vivre sans être ou sans avoir été utile au bien-être de ses semblables. Ceux, seuls qui travailleront pourront jouir librement et tranquillement des espèces sonnantes qui auront été subrepticement cachées par leurs parents.

Devant ce fait, ce qu'il y a de mieux à faire est d'accepter cet inévitable mécompte social, et de nous dire : Attendu que les richesses monétaires sont de fausses richesses, qu'elles sont incapables de procurer le bien-être par elles-mêmes, que leur seul mérite est d'avoir une valeur de convention et de figuration ; attendu que les vraies richesses sont toutes ces choses qui procurent directement le bien-être par elles-mêmes, c'est-à-dire toutes les denrées alimentaires, toutes les terres, les arbres, les animaux, tout le matériel, tous les bateaux, tous les véhicules, tous les outils, les machines, les maisons, les meubles, tous les objets qui ornent ou qui servent à nos commodités, toutes ces étoffes, ces vêtements, etc., etc. Attendu que les véritables richesses ne peuvent être cachées, et qu'il sera toujours facile au gouvernement de savoir à qui appartient cette ferme, ce champ, ce bétail, ce bois, ce terrain, cette maison, ce commerce, cette industrie, cette fabrique, ce moulin, cette boutique, ces marchandises, ces matières, cet outillage, ces voitures, ces meubles, etc., etc.

Attendu que, grâce à la mortalité continuelle des humains, il sera toujours possible au gouvernement de faire rentrer dans les caisses de son trésor le numéraire équivalent à toutes les véritables richesses individuelles qui excèderont cent mille francs. Attendu que les personnes fortunées qui cacheront des espèces sonnantes, pour qu'après leur trépas leurs enfants les trouvent et s'en emparent en place du gouvernement, travailleront ou auront travaillé en suffisance.

Attendu que les enfants qui commettront l'acte infamant de s'approprier l'or que leurs parents auront caché seront, s'ils veulent rester libres, contraints de travailler utilement pour leurs contemporains.

Voilà la sublime solution ! Faire travailler les fils de millionnaires malgré leurs sacs d'or... Mais tout est là ! Car enfin si tous les humains consentaient librement à travailler utilement les uns pour les autres, quel inconvénient y aurait-il à ce qu'ils fussent tous millionnaires ? Aucun, n'est-ce pas ? puisqu'ils seraient pourvus de tout ce dont ils auraient besoin pour vivre heureux. Malheureusement l'humanité n. possède pas une aussi haute qualité. Car si tous les humains étaient mis en possession d'un million de francs bien peu consentiraient à travailler pour leur prochain. Il est donc souverainement nécessaire que des lois d'ordres et de devoirs les obligent justement à travailler les uns pour les autres, et, par la puissance de ma doctrine les fils de millionnaires s'y trouvent précisément forcés.

Après cela que peut-on objecter ? Que peut-on trouver de plus juste ? De plus glorieux pour l'égalité ?

En vertu de mes principes, les espèces sonnantes qui seront cachées ne pourront servir qu'à augmenter le bien-être des particuliers, mais nullement à les dispenser de tout travail.

Quant aux sommes d'argent qui seront cachées, le gouvernement aura cure de s'en soucier. Pour lui elles seront des valeurs nulles, et agira comme si elles n'existaient pas, et cela pour deux raisons. La première consiste en ce que les monnaies cachées seront considérées comme étant des métaux qui ont cessé de représenter les richesses naturelles, et comme telles ayant cessé de représenter une partie des cent mille francs que chaque humain est censément devoir posséder par rapport à la figuration de son droit à la possession d'une infime partie de toutes les matières qui composent le globe terrestre.

Malgré les quelques milliards qui pourront être constamment cachés par les particuliers, ce sera toujours le gouvernement qui possèdera le plus grand nombre des trillions qui appartiennent, aux enfants, aux salariés et à tous les humains ne possédant pas leur cent mille francs en espèces sonnantes. Par ce fait, il sera toujours possesseur d'un joli petit nombre de trillions, et il sera impossible aux grands propriétaires de pouvoir éviter la reprise des biens naturels qu'ils ont pris censément à leur prochain et qu'ils laisseront à leur mort, attendu que ces biens qui faisaient leur grande richesse seront en excédent de leurs propres parts de biens naturels, toujours par le fait de ces excédents, le trésor du gouvernement sera toujours alimenté par de nombreux milliards. Toujours le gouvernement sera le plus riche propriétaire du monde, le seul exploiteur de tout ou de presque tout ce qui actuellement est exploité par des compagnies, des sociétés et toutes ces entreprises qui ont recours aux emprunts, aux actions, aux obligations, etc., toujours par le fait de ces grandioses exploitations, le trésor sera chaque année alimenté de nombreux milliards, toujours les recettes annuelles du gouvernement se chiffreront par plusieurs trillions.

Ce n'est pas tout, toujours la grande généralité des hommes, depuis le plus humble salarié, jusqu'au plus riche propriétaire irait placer dans les banques du gouvernement toutes les richesses financières dont elle disposerait. Cela se produisant, le gouvernement serait certain de posséder environ 98.000 francs par humain, c'est-à-dire qu'il pourrait disposer de la presque totalité des richesses monétaires du monde. En dehors des conséquences de l'association humaine, tous les humains sans exception seraient censément avoir prêté chacun 98.000 francs au gouvernement.

Dans ces conditions, on conçoit donc qu'il serait toujours facile au gouvernement d'équilibrer ses dépenses avec ses recettes, qu'il lui serait toujours possible de construire des chemins de fer, des canaux, des ports, des navires, des routes, des écoles, des palais pour la défense de la santé publique. En un mot pour entreprendre et mener à bien tout ce qu'il jugerait nécessaire pour conserver ou augmenter le bien-être et le domaine public. Qu'il lui serait facile de servir les rentes à tous les salariés y ayant droit, qu'il pourrait aider les salariés à bien élever leurs enfants, qu'il pourrait indemniser les sinistrés et autres victimes d'accidents graves, donner aux villes, aux villages, aux communes l'argent nécessaire à leur entretien, à leurs commodités, à leur assainissement et à leur embellissement. (Il va sans dire que l'argent ainsi donné serait proportionné au nombre des habitants de chaque localité.) Qu'il lui serait facile d'entretenir une armée permanente de 50 millions de jeunes hommes armés de pelles et de pioches pour défendre la grande patrie, c'est-à-dire l'immense domaine de l'humanité contre les eaux violentes entraînantes et envahissantes.

Cela dit, je reviens à la première raison pour laquelle le gouvernement n'aurait cure de se soucier de l'argent caché. Pour qu'il en soit ainsi, il devra premièrement supposer qu'aucun humain ne cache des espèces sonnantes, que tous ceux qui ont plus de deux mille francs vont porter le surplus dans ses banques, deuxièmement supposer que les humains conservent soit sur eux, soit chez eux deux mille francs en vue de pourvoir aux plus pressants besoins de l'existence. En vertu de ces deux suppositions, le gouvernement, quand il le voudra, pourra faire l'inventaire des richesses monétaires du monde entier. Il n'aura qu'à se dire : La Terre est actuellement habitée par tant d'humains, chaque humain devant posséder 100.000 francs en espèces, c'est donc tant de trillions que doit posséder l'humanité. Le public (grâce au cinq pour cent que je donne aux gens qui me confient leur avoir monétaire) a déposé dans mes banques tant de trillions. D'autre part, j'estime à deux mille francs la possession monétaire de chaque humain. Chaque individu étant censé avoir deux mille francs pour les besoins de la vie courante, il y a donc tant de trillions qui circulent à travers le monde.

Or la totalité de l'addition de ces deux nombres me donne tant de trillions, alors qu'il devrait être de tant. C'est donc tant de trillions qu'il me manque, autrement dit tant de trillions qui ont été cachés par les fortunés.

Voilà comment le gouvernement pourra savoir combien de milliards ou de trillions se trouveront prisonniers dans les cachettes ignorées.

Quand le gouvernement aura constaté son déficit, son devoir sera de monnayer une valeur égale au déficit constaté.

Voilà comment la fortune publique ne sera jamais en péril.

Toujours le gouvernement sera certain de disposer de la même richesse financière.

Quant à la deuxième raison pour laquelle le gouvernement n'aura cure de se soucier des espèces sonnantes cachées, elle consiste en ce que la quantité serait toujours à peu la même.

C'est la nature elle-même qui fournit toutes les principales causes de cette deuxième raison; à savoir que les enfants naissent de parents très riches ou de parents très pauvres, grandissent avec des qualités et des passions différentes, et qu'il s'ensuit, que tel ménage fortuné peut avoir un enfant de qualité inférieure, de même que tel ménage de travailleurs salariés peut avoir un enfant de qualité supérieure. C'est parfaitement réciproque. De même que dans une famille fortunée ou infortunée il peut y avoir parmi les enfants des intelligents et des idiots.

A savoir que les fortunés prévaricateurs envers la société, qui cacheraient une partie de leur argent pour qu'après leur trépas, leurs enfants le trouvent et s'en emparent seraient le plus souvent des gens que l'amour de leurs enfants aveuglerait qui, au lieu de les faire travailler dur et ferme s'appliqueraient à faire tout leur possible pour qu'ils ne connaissent que le bien-être supérieur. Pour leur progéniture, ils seront aux petits soins, ils en feront des dorlotés, des gâtés, des efféminés qui seront pleins d'arrogance et de fatuité, par cela même seront le plus souvent incapables de conserver les biens que leur laisseront leurs parents.

A savoir que la mortalité et la succession constante des générations doivent être considérées comme étant des grandes lois de la nature auxquelles les hommes ne pourront apporter aucun changement, il s'ensuit que par la toute puissance de ces faits naturels immanquablement il y aura toujours des gens prodigues qui gaspilleront les biens laissés par leurs parents défunts. Pendant que d'autres gagneront, économiseront et cacheront une partie de leur avoir monétaire. Et cela se produira de telle sorte que tout compte fait, le nombre de milliards ou de trillions qui sera tenu caché ne variera qu'insensiblement. Or, quand le gouvernement aura monnayé la même quantité de milliards ou de trillions qu'il y en aura, il sera toujours certain de posséder assez de trillions pour pouvoir s'acquitter aisément de ses charges et de ses devoirs.

Voilà comment le gouvernement pourra faire disparaître comme par enchantement l'obstacle constitué par la possibilité de cacher des espèces sonnantes.

Qu'importe l'argent caché puisque le gouvernement pourra en

quelque sorte le faire sortir de ses nombreuses cachettes en monnayant la valeur équivalente ou très approximative, et qu'ainsi il pourra agir comme si nul ne cachait d'argent.

Qu'importe que des jeunes adultes soient secrètement mis en possession de plusieurs millions, puisque le gouvernement sera armé de lois qui les obligeront à travailler utilement pour leurs semblables.

Qu'importe qu'un humain naisse de parents infortunés ou de parents milliardaires s'il est inintelligent ou vicieux, s'il aime la paresse et la débauche jamais il ne pourra connaître les bienfaits de la fortune. Les lois humaines étant tablées sur les grandes lois de la nature, jamais les humains que la déconcertante nature aura créés êtres inférieurs, n'acquiéreront ou ne conserveront des situations supérieures, toujours ils finiront par avoir la situation qui convient à leurs aptitudes. Tandis que ceux que la souveraine nature aura fait êtres supérieurs acquiéreront toujours les situations qu'ils méritent. Ceux que la mystérieuse nature désignera pour être les premiers seront réellement les premiers, ceux qu'elle désignera pour être les derniers seront réellement les derniers. Jamais les fainéants ne seront les premiers, jamais les laborieux ne seront les derniers. Jamais ceux qui seront dignes de posséder un salon ne seront jetés en prison, jamais ceux qui mériteront la prison ne s'étendront béatement sur les meubles capitonnés d'un salon doré leur appartenant.

Tels seraient les heureux résultats que donnerait l'application de mes principes sociaux. Ce serait certainement la plus grandiose manifestation de la justice et de l'égalité.

Fraternité.

———

Si à l'époque où j'écris, les principes sociaux que je préconise étaient impraticables, je serais le premier désolé de savoir que tous les humains ne peuvent obtenir leurs parts de propriétés terrestres, leurs parts de bien-être supérieur. Je pleurerais de savoir qu'ils seront pour toujours condamnés à s'entretuer. Je frémirais devant ce mal incurable, mais je me dirais puisque la guerre est inévitable, il est par conséquent mille fois préférable de se résigner à avoir des armées permanentes, prêtes à étouffer les plus violentes révolutions. Car si par malheur ces dernières venaient à triompher ce serait l'anarchie dans toutes ses horreurs et avec toutes ses terribles conséquences. Elle renverserait tout, détruirait tout, et ne saurait rien réédifier ; tout serait à refaire et de nouveau les pires calamités s'abattraient sur l'humanité.

Dans ces conditions, il est donc préférable d'accepter l'ordre des choses sociales présentement établi.

L'existence des nations, avec leurs armées permanentes constitue une garantie pour la paix et pour la marche progressive vers le mieux.

Une grande révolution peut faire reculer l'humanité de vingt siècles en arrière et lui faire subir mille fois plus de souffrances qu'une guerre organisée.

Nos suprêmes gouvernants ayant organisé le monde à leur fantaisie, l'ayant divisé en nations, ayant, au moyen des religions et de la politique, hynoptisé, aveuglé le gros des populations, pour la justification de leur manière de gouverner, ils disent au peuple de chaque nation : « Nos voisins sont en armes, leurs ressources sont employées en préparatifs de guerre, leurs soldats sont prêts à commencer le combat au premier signal. Si nos voisins ambitieux nous attaquent, il faut pouvoir les repousser et reconquérir ce qu'ils pourraient nous avoir ravi. — La guerre a malheureusement existé de tout temps et elle existera tant qu'il y aura des hommes. C'est une loi à laquelle l'humanité ne saurait se soustraire, elle est un mal, c'est vrai ; mais elle est un mal inévitable. Puisqu'il en est ainsi, il faut nous préparer à soutenir une lutte possible ou probable. il y va de votre honneur et de votre existence même, il faut défendre votre honneur et votre territoire, il faut organiser des forces dès le temps de paix de façon à pouvoir, au moment du danger, soutenir la lutte. — Ainsi une armée permanente protègera l'existence de sa nation, défendra ses intérêts, ainsi que tout ce que l'on tentera de lui prendre. Il y a des individus qui parlent de paix universelle, et qui sur cette thèse font de captivants discours, si justes et si humains qu'ils puissent paraître il ne faut cependant pas y ajouter foi, parce que la paix universelle est impossible. (Evidemment, tant qu'on volera les salariés, tant qu'on les condamnera aux travaux forcés à perpétuité, jamais la paix universelle ne pourra exister.) Ainsi, admettez que par suite d'un événement difficile à prévoir, toutes les puissances vinssent à s'entendre pour supprimer en même temps leurs armées permanentes. On peut être assuré que ce désarmement général ne serait que momentané, car le lendemain où cette mesure philanthropique serait mise à exécution, on verrait une puissance, sous un prétexte quelconque, reconstituer une force armée qui, sans doute, lui permettrait de dicter la loi à ses voisins, de s'enrichir et de s'agrandir à leurs dépens, d'imposer enfin ses volontés aux autres nations. »

Ah ! Certes, tant que l'esprit des peuples sera rempli de préjugés, tant que la machine qui résout et qui réfléchit sera faussée, tant que les moyens de faire triompher ses droits lui seront inconnus, tant qu'il ne saura se déterminer que par ce que disent les prêtres, les candidats, les postulants, les harangueurs, les démagogues, les politiciens, les journalistes et autres gens qui ont mission de répandre l'obscurité et l'erreur, tant que l'esprit des peuples sera ainsi dominé, égaré par ce qu'il voit, lit et entend, tant qu'on lui cachera la vérité, tant qu'il ne sera pas éclairé par ma doctrine, cet argument de la nécessité des armées permanentes sera toujours d'un bon effet sur le moral des masses populaires.

N'est-il pas évident que tant que nos gouvernants continueront à vouloir mettre tout en œuvre pour obtenir l'avilissement et l'appauvrissement des masses publiques, afin de les obliger à exécuter le travail ; celles-ci chercheront toujours à vouloir améliorer leur sort. Malheureusement, l'incohérence de leurs idées et l'ignorance de leurs droits les poussent souvent à la révolte.

Ah ! pauvre peuple, quand tu te révoltes, il faut vraiment que tu souffres, tu ne sais pas ce que tu dois faire pour chasser tes douleurs, tu n'as pas assez de force pour briser tes chaînes, tu es comme le prisonnier qui est enchaîné, quand ses chaînes le fatiguent il se soulève et prend une nouvelle position qui l'allège pour un moment, mais il ne reste pas moins chargé de ses chaînes qui continuent à le retenir captif. Toi tu es de même ; tes révolutions, tes soulèvements ne font qu'améliorer pour un moment ta position, mais tu n'en restes pas moins enchaîné aux volontés de nos bons gouvernants.

La violence, la révolte des masses laborieuses étant constamment à craindre, nos prévoyants meneurs de nations ont créé les armées permanentes afin qu'elles soient toujours prêtes à se porter là où les braves travailleurs réclament trop brutalement l'amélioration de leur existence. Ils ont créé des nations et des patriotismes afin que si les propres forces armées d'une nation venaient à ne pas être suffisantes pour pouvoir réprimer une grande révolution, ils puissent jeter les forces formidables des autres nations sur les révoltés. Naturellement tant qu'ils ne voudront pas changer leur manière de gouverner, ils feront bien d'avoir des nations avec des armées permanentes, avec des patriotismes et des idiomes différents.

Aujourd'hui, grâce aux inventions et aux progrès, si nos meneurs de nations étaient moins entichés de routines, moins imbus d'atavisme, ils pourraient notablement diminuer le nombre des nations. Attendu que le télégraphe, le téléphone ont vite fait de faire connaître le danger et de transmettre les ordres. Attendu que le chemin de fer a vite fait de transporter des troupes dans les localités où naissent les mouvements insurrectionnels. Actuellement il est très difficile qu'une émeute prenne les proportions d'une grande révolution. C'est précisément cette difficulté qui rend les guerres de plus en plus rares. Que nos conducteurs de peuples arrivent à ce résultat, très bien; cela prouve qu'ils savent merveilleusement s'organiser pour opprimer les peuples. Mais ce qui serait infiniment mieux, ce serait de cesser d'opprimer les travailleurs, ce serait de cesser de les spolier de leurs parts de biens naturels, ce serait de cesser de les tromper et de les terroriser. Indubitablement, lorsque les salariés ne seront plus déshérités, qu'ils seront certains de pouvoir vivre bourgeoisement pendant de nombreuses années ils ne se révolteront plus jamais, n'ayant plus rien à revendiquer, ils seront soumis, paisibles et fraternels. Quand il en sera ainsi, la nécessité des armées permanentes, la multiplicité des nations, des patriotismes et des langages n'aura plus sa raison d'être. Les guerres ainsi que toutes les horreurs qui les accompagnent auront vécu. L'humanité sera soulagée d'un grand mal.

La pratique de ma doctrine arrêtera net la violation des droits des salariés, ceux-ci n'auront plus cette source d'injustices et de mécontentements qui les poussent à la révolte. Désormais, les révolutions ne seront plus à craindre, il n'y aura plus de raisons pour continuer à avoir des millions d'hommes sous les armes.

En fait de soldats armés qu'il y en ait juste la suffisance pour aller porter nos bienfaisants principes civilisateurs dans les contrées du globe où les populations sont restées barbares, pour les instruire, les faire travailler et leur faire connaître le bien-être supérieur et pour qu'elles finissent par être dignes de faire partie de la grande république universelle.

Par tout le monde, les droits de l'homme seraient triomphants sur la philosophie surannée des Jésuites. Dès lors, point ne serait nécessaire que des livres, des journaux, des chansons et autres œuvres de la presse malsaine, insinuent d'infects sentiments de haine. Toutes ces feuilles, tous ces papiers noircis par l'imprimerie, pourraient cesser d'inculquer ces patriotismes sauvages et sanguinaires, qui eurent certes leurs époques d'utilité et de grandeur, mais qui par rapport aux fruits des études et des sciences sont devenus vitupérables et déshonorants pour le présent et pour l'avenir.

Partout la voix puissante de la presse pourrait prêcher le vrai, le pur, le noble patriotisme dont j'ai parlé. N'ayant plus à se soumettre aux exigences du droit Romain, elle pourrait être véridique, moraliste, enseignante, lumineuse et bienfaisante. Mais voilà, ce serait peut-être trop beau, trop juste et trop naturel. Les fameux romanciers qui se piquent de nous narrer tout ce qui se passe ou peut se passer dans la vie réelle, ne pourraient plus faire des feuilletons aussi émouvants, le poignard, le poison, etc., y feraient fort mauvaise figure, apparaîtraient par trop fabuleux et pas assez vraisemblables.

Les tribunaux, les prétoires, les prisons seraient beaucoup moins encombrés que de nos jours. L'échafaud et autres instruments d'exécutions capitales risqueraient fort de devenir des objets de curiosité pour nos musées. La Justice n'ayant pas le droit de tuer un homme, ayant tout simplement le droit de refuser la liberté et de faire travailler les malfaiteurs, ou de refuser toute nourriture aux paresseux, tous les instruments de mort seraient supprimés.

Les mariages légitimes seraient plus nombreux, les filles-mères et les divorces plus rares, les enfants mort-nés ou non reconnus, abandonnés ou étranglés beaucoup plus rares. L'humanité étant définitivement libérée de toutes barbaries, tous ces chers petits innocents auraient une meilleure venue en ce monde. Beaucoup de femmes seraient moins volages et moins perfides. Peu de femmes travailleraient dans les manufactures, les fabriques, etc. Beaucoup plus s'occuperaient des soins et des besoins intérieurs du ménage.

Les faillites commerciales, les faillites d'honneur, les faillites d'amour seraient beaucoup plus rares. La défense de la santé serait plus efficace et le sang humain plus riche. On ne verrait plus de ces jeunes drôles ni de ces jeunes filles vivant impunément de la prostitution.

Toujours la nourriture serait saine et abondante. Tous les humains, par le travail pourraient s'enrichir facilement. Jamais rien ne serait mis en œuvre pour qu'il leur soit pris ce qu'il leur appartient. Bien au contraire, tout serait mis en œuvre pour qu'ils soient heureux, pour les encourager, les remercier et les féliciter des immenses services qu'ils rendent à la société. Il ne serait pas de petit chef-lieu de canton ou de commune, qui n'aurait son casino, son palais de réunion et de divertissements. La reconnaissance ne leur ferait jamais défaut, ce serait toujours et pour toujours le règne de la sincérité et de la fraternité.

O ! Vous les invisibles meneurs du monde, vous qui faites, avec une égale facilité, le bien et le mal, vous qui cachez votre puissance sous le nom de Dieu, délivrez-nous du mal ! Brisez nos chaînes, conduisez-nous à la lumière et à la vérité, donnez-nous sans crainte la jouissance pleine et entière de nos parts de propriétés naturelles ! Soyez cléments ! Ayez pitié de nos larmes et de nos tourments ! Soyez justes, ayez foi dans la force inépuisable des sciences et des lois de la nature ! Cessez de vous rendre responsables des maux qui nous affligent, ne faites plus faire à l'acier, au plomb, à la poudre, tant de choses honteuses ; épargnez le sang humain. Cessez de faire s'entr'égorger les mortels, ils ont si peu de jours à passer sur cette Terre, faites que ces jours soient moins misérables, moins amers. Donnez-leur la paix, l'amour du travail et la certitude de devenir rentiers. Ne précipitez pas leur mort ! N'est-elle pas assez prochaine ? Cessez d'être des parjures ! Cessez de trahir le monde travailleur ! Souvenez-vous que le travail égalise tout les hommes, et que de l'égalité naît la fraternité ! Tous les hommes sont frères et vous les rendez plus cruels que les bêtes sauvages sur lesquelles vous ne pouvez exercer votre sinistre puissance. Renoncez et détruisez le culte de ce farouche et sanguinaire patriotisme qui salit et aveugle le patriote au point qu'il met un brutal et féroce orgueil à tuer son semblable. Cessez de conserver une organisation sociale millénaire qui ne convient plus à notre époque, qui n'est nullement en harmonie avec les sciences et nos droits, qui sent le charnier cadavérique, qui ne tient que par l'anonymat, la félonie, la débauche et la terreur. Cessez d'allumer des guerres dans des pays immenses, cessez de charger vos consciences d'aussi noirs forfaits, cessez de vous couvrir d'une gloire qui est devenue révoltante et monstrueuse.

O.! Suprêmes gouvernants, je vous en conjure, soyez vraiment grands et bons, ayez pitié de nous, faites cesser cette vie d'inquiétude et de hasard ! Donnez-nous un port ! Donnez-nous un rivage ! sauvez-nous ! l'humanité reconnaissante vous pardonnera et vous couvrira d'une gloire immortelle !

Hélas ! un doute immense m'envahit et m'alarme, un secret pressentiment me dit que les maîtres du monde ne daigneront pas écouter ma faible voix, et encore moins examiner les principes de ma doctrine. Ces hommes se croient si supérieurs, si sûrs qu'un droit honorant et sublime préside dans leurs décisions, dans leurs ordres, et dans leurs principes, qu'audacieusement, ils se proclament infaillibles, et pour cause ne veulent rien savoir et rien entendre de leurs antagonistes. De parti pris, un homme de la foule est un profane, un ignorant, un obtus qui ne peut pénétrer les beautés de leur droit supérieur. Tout le mal hélas, vient de l'origine de notre civilisation, et des fatales causes qui firent naître le triste droit Romain.

Fort anciennement de vrais grands hommes dans le but d'éviter les grandes calamités qui affligeaient l'humanité, pensèrent avec juste raison que le travail et les conventions fraternelles étaient seuls capables d'éviter le retour des pires fléaux. Ne se doutant pas que le cerveau humain puisse créer des choses assez puissantes pour permettre à des gouvernants de mener les peuples sans les tromper et sans les faire s'entretuer, écrivirent sans se préoccuper de la force bienfaisante des sciences futures, admirent des principes gouvernementaux en citant à l'appui une foule d'exemples, de causes et de raisons ; élaborèrent des lois, des règlements, qui par la suite devinrent une force indispensable dans la science de gouverner. Dans ces antiques écrits, il est parlé avec tant de justice et de savoir sur les hommes et sur les choses, avec une si haute expérience des siècles et des civilisations disparues, que depuis l'origine de ces fameux écrits, ils ont toujours fait loi dans l'art de conduire les peuples. Par surcroît d'adversité, l'hérédité, l'atavisme, les traditions, les routines, l'ignorance, l'égoïsme, l'orgueil, l'indifférence et les préjugés sont venus consolider les principes sociaux établis, si bien qu'à l'heure ou j'écris nos gouvernants continuent à en être aussi imbus, aussi entichés que leurs prédécesseurs les plus éloignés. C'est à peine s'ils osent y apporter quelques légères modifications tant ils ont peur de voir l'édifice de la civilisation s'écrouler, tant ils ont peur de perdre leurs biens, et leurs prérogatives.

Voilà pourquoi nous continuerons à être gouvernés comme si nous étions encore aux temps des Grecs ou des Romains, comme si le génie humain n'avait plus rien créé depuis Platon, Socrate, Aristote.

Voilà pourquoi je crains de ne pas être écouté, et ce sera vraiment désolant pour l'humanité laborieuse qui longtemps encore devra continuer à gémir sur son lit de douleurs, car il est certain qu'elle finira par quitter son lit de douleurs, c'est là une question de temps, sera-ce dans un siècle ou plusieurs ? Je l'ignore, mais indubitablement, elle finira par se guérir de tous ses maux d'origine sociale.

L'heureuse venue de ce jour de délivrance dépendra exclusivement de la manière dont nos suprêmes gouvernants voudront voir et agir, ou bien encore du temps qu'il faudra pour que la masse des salariés s'aperçoive qu'elle est trompée, trahie et volée, pour qu'elle soit désaveuglée et puisse reconnaître et accepter la mise en action de ma doctrine.

Ah ! certes, si mes principes sociaux plaisent aux maîtres du monde, si sans hésiter, ils mettent tout en œuvre pour préparer la victoire des droits de l'homme, la venue de ce jour de justice, de fraternité et de gloire sera relativement prochaine. Tandis que s'ils s'y opposent systématiquement, l'humanité, et surtout les salariés, ne seront libérés de leurs maux que dans un avenir très éloigné, longtemps encore ils seront condamnés à une vie de hasard, de malheur et de travail perpétuel.

Je considère le gros du public comme un petit enfant, à qui on fait croire tout ce que l'on veut, comme une bonne bête de somme à qui on fait faire tout ce que l'on désire, comme étant des fous furieux qui veulent s'entr'égorger.

Nos suprêmes gouvernants semblent dire tacitement aux masses travailleuses : Nous, vos maîtres, nous avons le talent de vous empêcher de vous comprendre, de vous entendre et de communiquer. Nous sommes assez adroits et assez puissants pour vous diviser par des frontières, des faux sentiments de haine et d'orgueil national, des langages, des patriotismes et des religions différentes ; le tout savamment emmêlé par les vastes trames de la politiques. Vous ne pouvez pas démêler vos idées, vous unir ni même vous éclairer sur vos droits réciproques, vous ne pouvez que crier, sans vous comprendre, vous êtes semblables à des bébés en maillot, sans force et sans raison. Nous vous conduisons comme bon nous semble, nous sommes assez habiles pour vous égarer au point que vous vous imaginez être ennemis les uns des autres. C'est là précisément ce qui fait toute notre force. Nous vous faussons le moral, nous vous désœuvrons si complètement que nous faisons de vous de véritables machines.

Que l'on ouvre le cœur et la cervelle d'un homme on y trouvera toute une guerre, toute une mêlée acharnée d'idées et de sentiments en disputes. Du trouble à l'erreur, l'homme perd peu à peu esprit et sens, âme et corps, tout se détraque dans son intérieur. D'un être humain, il ne reste plus qu'une machine qui teint des couleurs, qui crie roi, empereur, république ou communisme. D'ignorance en erreurs, d'idées fausses en mauvaises passions, d'ivresse en délire, l'homme perd sa nature d'homme, et toute notion du vrai et du juste. Voilà pourquoi il prend l'opinion politique qui paraît la plus favorable à ses intérêts personnels. Les uns se disent royalistes ou républicains, les autres impérialistes ou socialistes. Toutes ces différentes opinions créées à dessein par nos meneurs de peuples donnent naissance à des disputes et à des troubles intellectuels et moraux. Voilà l'incohérence ! Voilà l'obscurité qui a toujours existé et comment l'homme devient une véritable machine ! Voilà comment les suprêmes gouvernants peuvent entraîner des millions d'hommes dans des guerres terribles et fratricides. Ils n'ont qu'à faire crier dans deux ou trois nations. « Citoyens la patrie est en danger ! » Toutes les fois qu'ils commettent de grosses erreurs dans leurs infâmes combinaisons politiques, ou qu'ils trouvent que la nuit n'est pas assez noire, ils entrent dans une colère qui fait trembler la terre, ils font tout périr « en commençant par ceux qui tentaient d'allumer la lumière. » Ils font tout nager dans le sang, tout dévorer par les flammes, et savent s'arranger de façon à ce que tout ce qui échappe au fer et au feu ne puisse échapper au froid et à la faim ! Ils se jouent de l'humanité tout entière, et dans cette destruction générale ils trouvent des satisfactions immondes, ils sont heureux et fiers de perpétuer le droit suranné de leurs aïeux. Ces insensés, assoiffés de la gloire des anciens, croient qu'ils ont eux aussi le droit de se faire les plats serviteurs du monstre paupérisme. Engloutis sous leur propre puissance, ces cruels égarés semblent ignorer la puissance bienfaisante que peuvent fournir les sciences.

Devant la pureté, l'équité et la possibilité de ma doctrine, devant mes supplications et mes abjurations voudront-ils et seront-ils capables de faire leurs devoirs ? Non ! ou du moins j'en doute. Imperturbablement, ils continueront à flatter le vice, la paresse, la débauche et la misère. Froidement, ils continueront à faire des généraux, des prêtres et des rois. Cyniquement, ils continueront d'asservir les sciences à leur funeste pouvoir. Non ! Ils ne changeront rien de capital dans leur attitude, ni dans leur manière de gouverner ; comme par le passé, ils ne sauront produire que des réformes superficielles et sans effet. Cachés dans le noir labyrinthe de la politique, ils machineront mille moyens pour leur système de mener les affaires humaines. Ils attendront patiemment que les masses laborieuses sortent de leur apathie et soient suffisamment éclairées pour les écraser ou pour les contraindre à leur donner la satisfaction de leurs droits. Malheureusement en attendant ce jour de délivrance et de triomphe, ils continueront à faire tout leur possible pour en retarder la venue.

Mentalement, j'entends des gens superficiels, hypnotisés, vicieux ou butés me poser cette question saugrenue : « Vous ne voulez pas que le sang humain soit versé et cependant une grande révolution sera inévitable pour la mise en pratique de vos principes sociaux ? » Erreur ! grave erreur ! Car aujourd'hui on peut élever la voix, on peut écrire, la presse et les discussions d'arguments sont libres. (C'est du moins ce que j'aime à croire). Donc, s'il est vrai que nous possédons cette liberté, il n'est nullement besoin de prendre les armes meurtrières, il n'y a tout simplement et tout pacifiquement qu'à prendre les urnes et faire voter. Le vote voilà l'arme légale.

La puissance législative appartient au peuple et ne doit appartenir qu'à lui. La puissance exécutive ou la suprême administration doit être la volonté générale des hommes, et les députés, les correspondants chargés de l'exécution des lois qui doivent vivifier les principes sociaux choisis et acceptés. Le gouvernement doit recevoir les ordres du peuple et les mettre à exécution, sa force ne doit être que la force publique concentrée en lui. En un mot, le gouvernement doit dépendre du peuple et non le peuple du gouvernement. Les députés, ne doivent pas être les maîtres du peuple, mais ses officiers, ses serviteurs et ne doivent pas agir dans un autre sens que les ordres reçus. Le peuple doit pouvoir les destituer quand il lui plaît, pour les 'éputés ils doivent obéir au mandat qui leur incombe.

Qu'est-ce que le suffrage universel ? C'est une force toute puissante, une force qui suivant la direction qu'elle prend peut faire, avec la même énergie, ou le mal ou le bien. Le vote public peut soutenir un gouvernement comme il peut le renverser. Puisque nous pouvons avoir cette force souveraine, puisque le pouvoir doit appartenir au plus grand nombre de l'opinion publique, c'est donc des cerveaux des électeurs que dépendent la solidité et l'existence d'un régime gouvernemental. C'est donc à ces cerveaux qu'il faut s'adresser pour obtenir la pratique de ma doctrine. Mais auparavant, il est nécessaire que ces cerveaux soient éclairés dans leurs droits, dans leurs volontés et dans les ordres qu'ils doivent donner à leurs députés. Il importe donc de les mettre en garde contre les erreurs, contre les discours qui pourraient fausser leurs jugements. Leurs décisions étant graves, il faut qu'ils sachent discipliner les idées sous la loi du vrai, qu'ils sachent décerner entre l'idée éphémère et l'idée solide, qu'ils sachent s'attacher à ce qui est éternel et rejette ce qui ne vaut rien, il ne faut pas qu'ils se laissent influencer par les principes sociaux actuellement en usage, il ne faut pas qu'ils se laissent dominer par tout ce qui les entoure. Il faut que par de profondes réflexions, ils arrivent d'eux-mêmes à prendre l'initiative de leurs décisions. C'est à ces conditions essentielles que les esprits pourront s'évader des griffes de la hideuse politique, qu'ils parviendront à avoir conscience de leurs droits, de leurs devoirs et de leur force.

Le présent enchaînement des souffrances et des erreurs de l'humanité ne provient que de la suite du faux usage de sa volonté. L'usage de cette volonté n'est devenu faux que parce qu'elle a abandonné son guide naturel pour tomber dans les pièges de la politique de la fourberie gouvernementale. Certes, si le détournement de sa volonté n'eut jamais eu lieu, jamais la présente civilisation n'aurait eu son aurore. Car il ne faut pas oublier que les primitifs gouvernants, en agissant ainsi, avaient pour but d'arriver à assurer l'exécution du travail. On ne peut donc qu'applaudir aux manœuvres machiavéliques qu'ils ont accomplies dans ce sens. En ces temps d'absence et de sciences positives, c'était nécessaire et inévitable. Malheureusement on ne peut en dire autant de ceux qui actuellement nous gouvernent. Ceux-ci sont en train d'oublier, ou semblent ignorer la toute puissance des sublimes créations du génie humain.

La fornication, la soif du pouvoir et de la gloire, la soif de l'or et des plaisirs charnels, la routine et la tradition semblent les rendre ignorants des bienfaits que les sciences peuvent procurer à l'humanité.

Devant cette insensibilité et incapacité, c'est à vous les salariés, les commerçants, les industriels et autres travailleurs, qu'il appartient de prendre l'initiative de votre émancipation définitive, c'est à vous de reconquérir votre volonté par le suffrage universel, en imposant le mandat impératif à vos députés. Mais auparavant, il importe que vous soyez bien éclairés sur vos droits et sur les principes auxquels il faut avoir recours pour les faire triompher. Pour que vos commandements soient équitables et salutaires à tous, il importe que vous vous inspiriez de mes idées sociales, il faut que la propagation de ma doctrine vous fasse reconnaître vos erreurs et vos relations avec l'anarchie, avec la force fratricide, il faut que la vérité vous illumine et vous donne le savoir et la confiance. Si non vous perpétuez vos maux ! Si par malheur votre cécité morale a été rendue inguérissable par les menées criminelles de la politique vous ne sauriez mieux faire que de conserver l'organisation sociale actuelle qui en somme constitue une garantie pour la conservation de la civilisation. Mieux vaudra que le gouvernement continue à s'appuyer sur les origines sociologiques des primitives ententes sociales, mieux vaudra que vous continuiez à conserver les codes, les règlements, les conventions, et les classifications établis par les jésuites et autres ardents défenseurs du droit Romain.

Mais heureusement, j'aime à croire que cette aberration ne sera pas. Car malgré l'épaisseur des ténèbres dont on ne cesse de vous entourer, vous saurez voir la lumière libératrice qui s'émane de ma conception sociale. J'aime à croire que les mûres réflexions vous ouvriront les yeux.

Les premiers d'entre vous qui désapprouveront les principes surannés du pacte social actuel, pour s'enticher de ma doctrine il ne leur suffira pas d'être convertis à ma cause, ni de dire : (Quand l'occasion se présentera, je voterai de tout cœur pour la mise en pratique de ces grands principes que j'admire) : Non !

ce n'est pas suffisant. En vérité, en fraternité, votre devoir ne s'arrête pas là, il importe que vous vous fassiez mes auxiliaires, autrement dit que vous m'aidiez à sauver le monde travailleur.

Au nom du bonheur individuel et social, au nom du suffrage universel, il est souverainement nécessaire que tous les mortels connaissent la vérité. Car si les masses populaires continuent à la méconnaître, jamais elles ne pourront faire de la bonne besogne sociale, elles auront toujours besoin de l'invisible tutelle du jésuitisme.

La vérité est une loi à laquelle nous devons tous travailler, c'est l'œuvre commune : aimer ses semblables, les consoler, les éclairer, les arracher à l'erreur et au mal pour les conduire au bien, à la vertu et à la vérité.

Voilà la patrie ! Voilà le devoir ! Est-ce seulement un devoir ? C'est encore un besoin. Connaître la vérité et se taire, cela ne se peut, la poitrine en est oppressée, il faut que la vérité éclate et qu'elle illumine le monde.

Offrons toujours le combat de la discussion, soyons toujours prêts à l'accepter, recherchons la noble et pacifique lutte où chacun aime avec passion son adversaire et le salut de son adversaire, où la plus belle et la plus pressante conquête est de voir la vérité victorieuse.

Et qui donc nous empêcherait de propager des principes sociaux où dominent la raison, la justice et la fraternité? Quel droit éléverait-on contre ce droit sacré ? Quels sont ceux qui préféreraient la force à la discussion, qui emploieraient les armes, la prison et la calomnie parce qu'ils ne peuvent réfuter leurs adversaires ? qui briseraient leur bouche de peur d'en entendre sortir la vérité.

Voilà encore un droit que je ne crois pas qu'on puisse nous ôter. Car il fait partie de la liberté de penser, il fait partie de nous-même, et j'aime à croire que le feu qui autrefois brûlait les livres est complètement éteint.

Il faut écrire, parler, user de cette précieuse liberté. Ne craignons rien pour la vérité, et pour le droit, si vraiment ceux-ci peuvent lutter à ciel ouvert, servons-nous de l'imprimerie, usons de la publicité, prêchons, propageons sans relâche ; la civilisation est pour nous, les sciences exactes sont notre force et les lois de la nature sont nos auxiliaires, nos instruments de combat, nous vaincrons par eux !

Partager et propager nos idées, c'est déjà beaucoup, mais ce n'est pas encore assez, pour que notre devoir soit complet, il faut que nous fassions tout notre possible pour faire élire députés ceux qui d'entre nous sont les plus aptes à faire triompher notre noble cause. Unissons-nous ! consultons-nous ! formons des comités d'actions et de propagande !

Electeurs, si bonnes que puissent être vos positions sociales, souvenez-vous que des catastrophes financières font constamment des victimes. Souvenez-vous que d'infâmes combinaisons politiques plongent le commerce dans le marasme, et condamnent au labeur perpétuel la quasi totalité des salariés. Souvenez-vous que de funestes événements peuvent surgir pour vous conduire à la ruine et à la douleur. Souvenez-vous que l'organisation de défense de la santé publique est défectueuse et meurtrière, que vous-même pouvez devenir la victime d'une exploitation ou d'une erreur médicale. Souvenez-vous que des légions de gens fainéants et malfaisants vivent et jouissent béatement aux dépens du monde travailleur. Souvenez-vous que les révolutions et les guerres sont toujours à redouter, et que, si la formation des armées ne peut prendre votre propre liberté, ni votre propre existence, elle prend trop souvent celle de vos enfants. Souvenez-vous que votre patriotisme vous oblige à tuer vos semblables, vos frères en humanité. Souvenez-vous, quoique vous soyez certains de ne rien avoir à craindre de malheureux, pour vous-même dans l'avenir, qu'il ne peut en être de même pour vos proches parents ou pour vos descendants, que ces derniers suivant leurs caractères, leurs idées et leurs actes peuvent avoir la malchance de tomber et de rouler jusqu'aux situations sociales les plus misérables et les plus voisines de l'immense gouffre vertigineux de l'ignominie, au fond duquel pourri tout le déchet humain des principes sociaux présentement en vigueur.

Hommes de toutes conditions, de toutes hiérarchies et de toutes servitudes gouvernementales, souvenez-vous qu'au cas où vous auriez à craindre de perdre votre emploi ou votre situation, en vous proclamant partisan de ma doctrine, qu'il vous sera toujours facile de garder le silence et de conserver une indifférence apparente jusqu'au jour ou vous pourrez, à l'insu de tous, mettre dans l'urne le bulletin de vote du candidat qui se réclamera de l'application de ma doctrine.

Vous tous qui votez, vous ne sauriez trop vous souvenir de tout ce qu'il est dit dans ce livre, ne craignez pas de le relire pour mieux vous en pénétrer, et au besoin pour mieux vous en passionner. Réfléchissez ! Réfléchissez longuement et profondément, secouez-vous, débattez-vous contre les us et coutumes, révisionnez, examinez sévèrement et scrupuleusement toutes les idées, toutes les croyances et toutes les méthodes sociales. Méditez mûrement ! Etablissez des comparaisons. C'est à ce prix que votre esprit prendra possession de lui-même, et qu'il aura la force de percevoir la vérité, la justice, et la fraternité qui s'émanent de ma doctrine. C'est ainsi que vous comprendrez et accomplirez le plus haut et le plus pressant des devoirs.

TABLE DES MATIÈRES.

Courbevoie. — Imp. E. BERNARD, 14, rue de la Station.

COURBEVOIE

IMPRIMERIE E. BERNARD

14, RUE DE LA STATION, 14

BUREAUX A PARIS, 29, QUAI DES GRANDS-AUGUSTINS